공지영의 수도원 기행 1

공지영의 수도원 기행 1
ⓒ 공지영, 2016

2001년 7월 20일 초판 1쇄
2011년 12월 12일 개정신판
2016년 6월 30일 개정증보판
2024년 9월 5일 개정증보판 4쇄

지은이　　공지영
펴낸이　　박현동
펴낸곳　　성 베네딕도회 왜관수도원 분도출판사
찍은곳　　분도인쇄소

등록　　1962년 5월 7일 라15호
주소　　04606 서울시 중구 장충단로 188 분도빌딩 102호(분도출판사)
　　　　39889 경북 칠곡군 왜관읍 관문로 61(분도인쇄소)
전화　　02-2266-3605(분도출판사) · 054-970-2400(분도인쇄소)
팩스　　02-2271-3605(분도출판사) · 054-971-0179(분도인쇄소)
홈페이지　www.bundobook.co.kr

978-89-419-1610-9　04810
978-89-419-1650-5　(세트)

표지 사진 ⓒ Richard Manin, 게티이미지 제공

이 책은 분도출판사가 저작권자와의 계약에 따라 발행한 것으로서 저작권법에 의해 보호를 받는 저작물이므로 무단 전재와 무단 복제를 금합니다.
이 책 내용의 일부 또는 전부를 인용하려면 반드시 저작권자와 분도출판사의 서면 동의를 받아야 합니다.

공지영의
수도원 기행 1

분도출판사

| 개정증보판을 내며 |

　텔레비전에서 동물 관련 프로그램을 본 적이 있었다. 어느 깊은 산골에서 개들을 키우는 가난하고 늙은 부부의 이야기였다. 그 부부에게는 네 다리가 다 없는 개가 있다. 그 개의 이름은 '쪼맹이'다. 개는 온몸으로 기어 다닌다. 노부부는 자신의 개들 중 그 개를 특별히 사랑한다.

　남편은 지방으로 일을 나가면 며칠에 한 번씩 돌아오고, 할머니는 밭에 일을 갈 때 다른 개들은 따라오는데 쪼맹이가 오지 못하니까 심심할까 싶어서 꼭 쪼맹이를 안고 나간다. 할머니는 밭에 작은 담요를 펴고 쪼맹이를 거기 둔다. 온몸으로 기는 쪼맹이가 흙바닥에 몸을 굴리면 아플까 봐 그런다. 쪼맹이는 거기서 기기도 하고 잠도 자며 할머니가 일하는 것을 보며 행복해한다. 할머니도 밭일을 하다 말고 가끔 쪼맹이를 부른다. 할머니와 쪼맹이 두 생명은 그렇게 각자의 생을 영위하며 그 우주 속에서 각자 그러나 서로가 함께 있다는 것을 안다.

쪼맹이와 한 어미를 둔 동생 개는 다른 개들이 쪼맹이를 괴롭힐까 봐 늘 쪼맹이를 지킨다. 주인이 없는 사이 쪼맹이가 쉬라도 해서 온몸에 그것을 뭉개면 동생 개는 하루 종일 쪼맹이를 핥아 준다.

촬영을 마친 제작진이 쪼맹이를 위해 특수 제작한 휠체어를 선물했다. 쪼맹이가 그 휠체어를 타고 이리저리 움직일 수 있게 되자 노부부는 기뻐했는데 그 얼굴들이 성인 성녀 같았다.

나는 이 부부가 성당에 다니는지 아닌지 알지 못한다. 이 부부가 생명 교육을 받았는지 아닌지 알지 못한다. 다만 나는 이 프로그램을 보는 내내 눈물을 흘렸다. 아마도 하늘나라의 한 면을 엿본 거 같았기 때문이었을 것이다.

글쎄, 그리도 혼자 잘났던 내가 앞으로 무엇을 더 한다 한들 저 부부만큼 훌륭할 수 있을까. 이 지상에 폐나 끼치고 가지 않으면 다행이리라. 나무 한 그루를 더 심고 꽃 한 송이를 더 피우기보다, 꺾인 나뭇가지 하나 붙들어 매 주고, 다친 강아지 한 마리 더 사랑해 주고 싶다. 우리의 눈으로 보면 그가 불구이나 아마도 하느님의 눈, 생명의 눈으로 보면 그 자체로 완전히 사랑받고 사랑하는 신의 작품일 테니까.

그 일이 일어났던 것이 한 천 년이 지나가던 1999년 12월이니 벌써 열여섯 해가 흘렀다. 그러나 기도를 잊어버렸던 내가 비명을 지르듯 묻던 소리에 "나 여기 있다. 한 번도 네 곁을 떠난 적이 없다"라고 하셨던 그 음성은 아직도 어제처럼 생생하다. 아직도 나는 그 대목을 증언할 때 목이 메고 가슴이 뭉클해지면서 눈물을 흘리곤 한다. 어찌 보면 당연하다. 새 생명이 주어지던 날, 죽었던 몸이 부활하던 날이었으니까. 죽음에서 자기를 살려 주던 손길을 잊는 사람이 있을까.

    이 책을 내고 나서도 내게 고통은 그치지 않았다. 그러나 신비하게도 그 고통들은 더 이상 무의미한 것이 아니라 나를 자라게 하는 고통들이었다. 자란다, 무엇을 향해서? … 무엇을 맺기 위해? … 나는 나중에 희미하게 그 대답을 얻었다. "나는 이제 더 이상 너희를 종이 아니라 벗이라고 부른다"라는 예수님의 말씀에서 말이다.

    그리고 그런 날들 이후 나는 이 지상의 도처에 숨어 있는 작은 하늘나라를 발견하는 눈을 가지게 되었다. 그 하늘나라는 하느님을 알기 전까지 내게는 별 가치가 없다고 여겨지던 것들이었을지도 모른다. 쪼맹이와 노부부도 그런 사람들이었다.

    나는 그 후 가끔 신앙이란 무엇일까, 신앙인이란 어떤 사람들일까 생각했었다. 그리고 어느 날 미사의 독서 구절에서 문득 깨달았다.

    믿는 사람들이란 사랑하는 사람들, 희망 없이, 대가 없이 사랑하는 사람들 …, 상처 입은 얼굴에서 새벽빛을 뿜어내는 사람들이라는 것을 …. 아아, 다만 내 남은 나날들이 그 새벽빛을 다는 잃지 않는 그런 나날이기를 …. 주님, 자비를 베푸소서.

| 차례 |

개정증보판을 내며 • 5
들어가는 글 • 11

내 영혼은 어디론가 가고 싶어 했다 • 23
한 번도 가 본 적 없는 곳으로 • 24
아르장탕 가는 길 • 35
노트르담 봉쇄수녀원 • 51
18년 만의 영성체 • 84

모순의 극한에 조화가 있다 • 95
생 피에르 드 솔렘 수도원 • 96
이 파리 • 111

여기 서 있는 그대, 화해하십시오 • 119
리옹 • 120
테제, 꿈 하나만 믿고 이룬 공동체 • 132

사람을 만나고 나를 만나다 • 151
길 위의 성모 피정의 집 • 152
프리부르 • 164
메그로주 수녀원 그리고 오트리브 수도원 • 172

비발디의 도시 • 189
베네치아 • 190

보다 큰 자유, 보다 큰 진리 • 205
뮌헨, 백장미 두 송이 • 206
프라우엔 킴제 수녀원 • 217

삶의 의미를 잃어버린 사람은 누구나 •237
함부르크 •238
스콜라스티카 수녀원 •250

사랑은 스스로 찾아온다 •267
이상한 영명축일 •268
마리엔하이데 수도원 •283
마리엔보른 수도원 •301

후기 •318

들어가는 글

10년이 다 된 지금도 사람들은 내게 묻는다. "왜 18년 만에 돌아왔습니까?" 하고. 그러면 나는 머뭇거린다. 왜냐하면, 그게 왜냐하면 말이지요 ….

나는 아직도 그날을 기억하고 있다. 그날, 아마도 1999년 12월 크리스마스를 앞둔 어느 날이었다. 그날 구원은 내게로 왔다. 그것은 벼락처럼 커다란 소리를 내며 눈 깜짝할 사이에 오지도 않았고, 천둥처럼 온 세상을 뒤흔들며 오지도 않았다. 그것은 소낙비처럼 쏴아 하는 소리를 내지도 않았고, 흰 눈처럼 밤새도록 소록거리며 쌓여 조용히 모든 풍경을 바꾸어 놓지도 않았다. 구원은 우리가 구원을 생각할 때 의당 그것이 갖추어야 한다고 생각하는 모든 것을 팽개친 채로 왔다. 그것은 절망의 모습으로 왔으며, 모욕의 이름으로 왔고, 학대와 구렁과 선조들로부터 이어 온 성향과 음란과 그리고 배반하기 좋아하는 얕은 마음의 피로 왔으며 나를 완전히 벼랑 쪽으로 밀어내어서 이제 더 이상 죽을 수도 없게 반쯤만 목을 조른 채로 그렇게 왔다. 그런 상황을 펼치도록 주관한 이는 바로 하느님이었는데, 그는 그렇게 나를 밀어붙이고 나서, 눈물을 글썽이며 늦은 봄날 산들바람보다 더 고요하게 내게 말했다.

그때 나는 울고 있었다. 울어야 하는데 울 장소가 없어서 일부러 집에서 차를 몰고 나와 닥치는 대로 운전을 하고 있었다. 정돈된 아스팔트의 연회색 길도, 나무도, 반짝이는 크리스마스 전구들도 보이지 않았다.

'새 천년이 온다! 새 천년이 온다!'라는 소리가 내게는 '미친년이 온다! 미친년이 온다!'라는 소리로 바뀌어 들리고 있었다. 무엇보다 나는 나 자신을 경멸하고 있었기에 겨우 빨간불에는 서고 파란불에는 액셀러레이터를 밟을 수 있는 분별력 외에 아무것도 남아 있지 않은 상태였다. 당황스러운 것도, 허둥대는 것도, 공포와 경악과 자기 멸시와 증오도 머릿속에서 이미 하얗게 사라진 지 오래였다. 고시 공부를 하는 것보다 더 성심을 다했던 나의 세 번째 결혼 생활이 산산조각 나고 있는 걸 나는 두 눈을 말가니 뜨고 바라보고 있어야 했던 것이다. 집 안의 모든 유리집기가 찬란히 부서져 내리고, 창 넓은 집, 햇살이 좋아 택한 그 집 거실에 점점이 흩어진 유리의 투명한 파편들은 카펫에 돋은 소름들처럼 반짝거렸다. 겁에 질린 아이들이 대낮부터 울기 시작했고 나는 피 흐르는 맨발을 끌며 아파트 밖으로 뛰쳐나왔다. 커다란 대추를 물고 있는 것처럼 부어

터져서 다물어지지 않는 입술 사이로 찬바람이 자꾸 스며들어 나는 이를 딱딱 부딪치며 떨고 있었다.

시간이 지나 공권력에 의해 상황은 종료되었다. 나는 돌 지난 막내를 포대기에 둘러업고 다섯 살짜리를 걸려 경찰서로 갔다. 그리고 내가 누구인지 아는 모든 사람이 호기심을 감추지도 않고 빤히 바라보는 앞에서 진술서를 썼다. 아이들은 더는 울지도 않았다. '부끄러워해야 할 것은 내가 아냐'라고 생각한 것은 머리였고, 수치심 때문에 손가락이 굽어지지 않아서 글씨를 잘 쓸 수가 없었지만 '왜 폭력은 당할 때보다 드러날 때 더 수치스러울까' 하는 분석을 하면서 나는 겨우 발광하지 않고 버틸 수 있었다.

이 이야기를 꺼내는 이유는 누군가를 비난하기 위해서가 아니다. 내게 있어 구원은 고통과, 그것도 깊은 고통과 연관을 가지고 오기 때문임을 말하기 위해서이며, 내가 세웠던 모든 계획과 희망이 믿을 수 없을 만큼 다 부서져 버릴 때 온다는 것을 말하기 위해서이며, 원망도 그칠 때, 비명조차 더 지를 수 없을 때 온다는 이야기를 꺼내고 있는 것이다.

물론 구원이 다른 이에게도 꼭 이렇게 온다는 것도 아니다. 다만 내게 구원은 이렇게 벼랑에 몰린 연후에야, 강도에게 위협당하는 부녀자와 같이, 납치된 지 한 달이 지난 인질과도 같이, 고문에 지쳐 모든 희망을 버린 소년원 출신 고아와도 같이 두 손을 모아, 인간으로서의 모든 자존심을 다 팽개치고 오직 생명에 대한 본능만 남은 채로 두 손을 모아 어떻게든 목숨만 살려 주시면 무엇이라도 하겠다고, 시키시는 것은 무엇이라도 하겠다고 가장 비굴한 자세로 땅바닥을 기어 다니며 하느님이라는 그에게 항복을 하고 만 연후에 왔다는 그 이야기를 하려는 것이다.

그렇다. 구원은 내게 강도와도 같이, 납치범과도 같이, 고문자와도 같이 왔다. 그때를 생각하면 나는 세상에 태어나 다시는 그렇게 진심이 담긴 소리를 낼 수는 없다는 생각을 한다. 다시는 그렇게 간절한 기도를 바치지 못할 거라는 것을 안다. 그 기도는 이것이었다. 나는 자동차 안에서, 아무도 없는데, 아무도 없는 것을 알기에, 목젖이 보이도록 악을 썼다.

"주님! 주님! 어디 계세요!"

그러고 나서 나는 더 할 수 없이 큰 소리로 울었다.

그런데 그 말을 뱉은 이후 내 울음소리 속으로 다만 슬픔과 다만 경악과 다만 억울과 다만의 공포 말고 다른 무엇이 스며들고 있는 것을 나는 그 와중에도 희미하게나마 알았다. 그것은 빗발치는 총탄 속에서 백기를 올리는 자가 언뜻 얻는 무욕의 평화 같은 것, 오래 수배당해 온 자가 경찰과의 대치 끝에 자신의 총에 더 이상 탄알이 없는 것을 안 순간 느끼는 그런 맥 빠지는 안온감 같은 것들, 안간힘을 써서 벼랑에 매달려 있던 조난자가 제 삶을 포기하고 이제 움켜쥔 손을 놓는 그런 종류의 평화였다.

그때 나는 이런 소리를 들었다. 소리는 침착했으나 너무나 오래 자신의 차례를 기다렸다가 이제야 이름이 호명된 자 특유의 격정을 억누르는 듯했고 그리고 이런 표현이 허용된다면, 얼마간 울먹이고 있었다. 가까운 곳에서 들려온 마음의 소리는 이런 것이었다.

"나 여기 있다. 애야, 난 단 한 번도 너의 곁을 떠나지 않았다."

첫 번째 들었던 생각은, '이제 드디어 내가 미치기까지 하는구나'라는 것이었다. 머리가 그랬다. 그렇지 않으면 이 이상한 '들림'을 어떻게 나 자신에게 (아니, 그것이 꼭 나 자신이었을까. 어쨌든 들은 것은 나였는데) 설명할 수 있을까 싶던 것이다. 하지만 그때 마음 한구석에 오래도록 아무렇게나 구겨져 돌돌 말려 있던 연한 귀가 쪼긋쪼긋거리며 펴지는 아픈 기미도 함께 느껴졌다. 그러고는 멀리서 조금씩, 한 번도 들리지 않던 소리가 들리기 시작했다. 심연이 심연에게, 창공이 창공에게, 밤이 낮에게, 낮이 밤에게, 빗방울이 시냇물에게, 시냇물이 강물에게, 강물이 바닷물에게 소곤거리는 소리들. 그 침묵의 소리들 …. 나 혼자 그 소리들 속에서 귀먹은 채로, 혼자만 귀먹은 줄도 모르고, 귀먹은 자들이 늘 그렇듯 소란을 피우며 목젖이 다 보이도록 악을 쓰고 있었던 것이다. '당신은 어디에 계시나요?' 하고.

아주 오랜 시간이 지난 후, 나는 다음과 같은 글을 읽었다. 하느님은 우리를 사랑하신다. 얼마나 사랑하시느냐 하면, 우리를 다 부서뜨려서라도 구원하기를 원하실 만큼 그렇게 사랑하신다.

그날 이후로 나의 삶은, 아마도 영원히, 바뀌어 버렸다.

집에는 그 흔한 성경 쪼가리 하나 없었다. 커다란 방을 가득 메운 책장을 다 뒤졌으나 하느님은커녕 그 기미가 있는 글씨가 적힌 책자 하나 없었다. 그런데 책장 뒤쪽 구석에서 먼지를 뒤집어쓴 책이 하나 발견되었다. 성경이었다. 언니가 언젠가 울며 내게 두고 간 것이었다. 반가운 마음에 그것을 펼쳤으나 솔직히 무슨 말인지 알아들을 수가 없었다. 어릴 때부터 가톨릭 수업을 받았던 내게 개신교 성경의 어투는 너무 어려웠다. '가라사대'라든가, '하매'라든가. 그러나 그 성경을 천천히 읽고 있기에는 나는 너무 조급한 상태였다. 미국에 있는 언니에게 전화를 걸었다. 언니는 처음부터 끝까지 내 이야기를 들어 주었고, 그리고 나보다 많이 울었다. 나로 말하면, 아무 감각이 없었다.
내가 하느님 공부를 시작한 것은, 그 발단을 이야기하기 위해 아마도 내 언니의 이야기를 하지 않을 수 없을 것 같다.
언니는 개신교 신자였다. 소녀 시절 가톨릭 학교를 다녔던 언니는 결혼을 하고 형부 집안의 관습에 따라 개신교 신자가 되더니, 어느 순간, 열렬한 개신교 신자가 되어 있었다. 형부의 근무지 때문에 오랜 시간 외국 생활을 하느라 나와 아주 가까이 지내지는 못했던 언니는 그런데 틈만 나면 나를 '예수 환자'를 만들지 못해 안달이었다. 자주 국제전화를 했고 형부가 본사 근무를 위해 한국에 돌아왔을 때는 자주 나를 찾아왔다. 어떤 날은 성경을 들고 왔고, 어떤 날은 꽃다발을 들고 왔다. 어떤 날은 너를 위해 발견한 성경 구절이라면서 내게 편지를 보내기도 했다. 그렇게 고전적인 방법이 통하지 않자 나중에는 꾀를 내어서 내가 제일 힘들어하는 일인 우리 아이들을 봐주겠다는 제안을 하기도 했다. 주일 예배에 한 번만 나가 주면 그 주일에는 종일 우리 아이들을 봐주겠다는 것이었다. 언니가 건네준 성경은 받았다가 구석에 처박아 버리고, 꽃다발은 식탁에 꽂아 두었다가 시든 후에 쓰레기통에 버렸으며, 건성으로 주일 예배에 참석한 후 언니에게 아이를 맡겨 두고, 맘속으로 쾌재를 부르며 하루 종일 놀러 다니기도 했다.

    하지만 마음은 미동도 하지 않았다. 언니도 미동이 없었다. 나는 고집 센 그리스도교 선교사에게 시달리는 원주민 같은 기분이었다. 드디어 마지막 순간, 나는 언니에게 예수의 '예' 자를 꺼내거나 기독교의 '기' 자를 꺼내려거든 다시는 나를 볼 생각을 하지 말라고 선언했다. 내 생각에 언니는 나를 만나고 싶은 것이 아니라, 선교할 대상 하나를 만나고 싶어 하는 것 같았다. 나를 사랑하는 것이 아니라, 자신의 신앙심이 깊음을 맘속으로 사랑하고 있는 것 같았다. 나만큼 언니도 끈질겨서, 그러면 예수의 '예' 자 대신 주님의 '주' 자를 쓰면서 교묘히, 기독교라는 '기' 자를 쓰지 않고 그리스도교의 '그' 자를 쓰면서 내게 접근해 왔다. 솔직히 지긋지긋했다. 나는 언니와 만나면 내 책의 판매 부수와 소소한 일상과 그보다 더 깊이 삶에 대해 자꾸 허망해지는 내 맘속 깊은 곳의 갈등에 대해 이야기하고 싶었지만 그녀는 오직 예수 주님뿐이었다. 사람과 사람이 만나 몇십 년을 살아 내는 이 복잡하고 미묘한 생애들이 어떻게 그 두 단어로 귀결될 수 있는지 솔직히 바보들 같았고, 그 단순함을 차라리 부러워하는 나는 델리케이트한 인텔리겐치아 같았다.

그렇게 2년이라는 세월이 흘러갔다. 그리하여 언니와 나는 서먹해지고 말았다. 언니도 더 이상 내게 아무 말도 하지 않았고 가끔씩 걸려오는 전화에서 그저 심드렁하게 안부만 물었다. 나중에 들으니 언니는 나에 대해 모든 것을 포기했기에 입을 다문 채, 그저 나를 위해서 기도만 하기로 결심했다고 했다. 단언컨대, 언니가 나를 말로 설득하려 했던 그 2년의 세월이 없었더라면 나는 적어도 2년 먼저 하느님을 만났을 거라고 나는 아직도 언니에게 비아냥거린다. 그러면 언니는 씩 웃고 만다.

그러나 우리는 자매였고, 언니는 나보다 훨씬 더 성정性情이 선한 사람이어서, 나는 아무에게도 털어놓을 수 없는 내 인생 역정을 언니에게 자주 토로했다. 언니는 이제 입을 다물고 끝까지 내 말을 들은 다음, 마지막에 이렇게 말했다.

"두려워하지 마, 내가 기도할게."

내가 그렇게 싫어하는 그 '예수'에게 하는 기도라는 것을 알았지만 신기하게 그 말이 전혀 싫지 않았다. 아니, 오히려 어느 날의 통화에서 언니가 그 말을 하지 않으면 나는 언니에게 "기도해 줄 거지?" 하고 묻곤 했다. 그러면 언니는 긴 한숨을 쉬며 대답했다.

"당연하지, … 당연히 기도하지."

나는 언니에게, 아니, 언니의 기도에 전적으로 의지하는 사람이 되어 가고 있었다. 이제 언니는 예수가 아니라 나를, 선교가 아니라 그냥 나를 사랑하고 있는 것 같았다.

그날, 자동차에 올라타, 머릿속이 하얗게 된 채로 차를 운전하면서 나는 다급하게 휴대전화의 발신 장치를 눌러 언니를 불렀다. 미국의 휴대전화는 오래 울렸으나 언니는 전화를 받지 않았다. 그 무렵 내 상황이 다급하게 돌아가고 있는 터여서 친정 식구들은 모두 내 전화에 신경을 곤두세우고 있었다. 나는 마음속으로 언니를 불렀다.

"언니, 기도해 줘. 무서워! 기도해 줘." 만일 언니가 전화를 받으면 언니는 으레 그렇듯 울먹이며 내게 말할 것이다.

"두려워하지 마, 내가 기도하고 있어. 두려워하지 마."

하지만 언니는 전화를 받지 않았다. 다시금 머릿속이 하얗게 변하기 시작했다. 물에 빠져 잡으려던 지푸라기조차 보이지 않는 것 같았다. 그때 누군가가 내게 속삭이는 것 같았다.

'네가 기도하지그러니.'

속삭이는 그 누군가가 누구인지 생각할 겨를도 없이 머릿속으로 그런 생각이 스쳐 지나갔다.

'이렇게 좋은 생각이 있을 수가!'

바보가 아니고서야 있을 수 없는 일이었지만 나는 내가 기도하면 된다는 생각을 18년 만에 했다. 18년 만에 내가 기도할 수 있다는 것을 깨닫게 된 나는, 그러나 기도하는 법을 완전히 잊어버린 후였다. 입술만 삐죽여질 뿐 말이 나오지 않았다. 무어라고 그분을 불러야 할지, 첫마디를 어떻게 꺼내야 할지 알 수 없었다. 그러나 더 이상 참을 수 없는 마음의 압력들이 나의 내장들을 치솟아 올라 목구멍을 넘어 토악질처럼 거슬러 올라왔다. 나는 기도를 한 것이 아니라 비명을 질렀던 것이다.

"주님! 주님! 어디 계세요!"

언니와의 통화는 그날 밤이 지나고 다시 다른 아침이 오고서야 이루어졌다. 18년 동안 내가 내 손으로 내다 버린 성경과 십자가였다. 그런데 그날 성경 구절 한 토막 없이 그 흔한 십자가 하나 없이 지내는 하루가 고통스러웠다. 나는 그저 두 손을 붙들고 '주님, 주님, 저를 살려 주십시오' 하고 되뇌다가 다시 머리를 흔들었다. 또 하나의 내가 내게 물었다. '정신 차려. 하느님이 밥 먹여 주고 하느님이 나쁜 일을 막아 주니?'

언니는 내 말을 듣고 있다가 울음을 그치고 한 번도 들은 적이 없는 위엄 있는 목소리로 말했다.

"당장 일어나서 교회로 가거라. 지금 당장!"

그리하여 나는 18년 만에 교회로 갔다. 그리고 18년 동안 흘리지 못해 몸속에 고인 눈물을 그 후로도 오랫동안 쏟았다.

상황이, 고통이, 혼란과 광기가 기적처럼 정리된 것은 물론 아니었다. 나는 아이가 젖을 떼고 이유식을 하듯이 조금씩 조금씩 성경을 공부했고 궁금한 책이란 책은 다 찾아 읽었다. 그러면서 그날 내게 대답한 신이 내가 오해하고 있던 그 찰거머리 같은 그 신이면서 또한 그 신이 아니라는 것을 깨닫게 되었고, 내가 사는 동안 한 번도 내게 올 거라 믿지 않았던 평화가 찾아오기 시작했다. 평화! 돈도 명예도 사랑도 내게 주지 못했던 그 귀한 것을 거저 얻게 된 것이었다.

최소한, 그날 이후 나는 좁고 작고 유한한 인간이 크고 위대하고 영원한 것을 마주쳤을 때 일어나는 모든 혼란을 겪었으며 지금도 또한 그것을 겪고 있다. 외로움이 완전히 사라진 것도 아니고 고통이 사라진 것은 더더욱 아니며 모욕도 모함도 분노도 예전과 똑같이 찾아왔다.

어쩌면 내 단점은 고쳐지기는커녕 더욱 커지고 있기도 하다. 그러나 이제는 불러야 할 이름이 있다는 것을 알기에, 그리고 또한 그리 크게 부르지 않아도 그가 내게 귀 기울이고 있다는 것을 알기에, 적어도 나는 허둥지둥하지 않으며, 저질러 놓고 돌아가 사죄를 할 곳이 있는 그만큼은 삶에 대해 공간을 느낀다. 그런 나를 두고 예수도 의인이 아니라 죄인을, 성한 사람이 아니라 병자를 부르러 왔다고 했을 것이다. 그런 의미에서 나는 더할 나위 없이 딱, 그리스도인이다. 그래서 어느 쓸쓸하고 눈물 나는 저녁에 나는 다만 이렇게 기도하는 것이다.

> 이 위대한 밤의 주인이신 하느님
> 숲이 보이십니까?
> 숲이 외로워한다는 소문이 들리십니까?
> 숲의 비밀이 보이십니까?
> 숲의 고독을 기억하십니까?
> 제 영혼이 제 안에서 밀랍처럼
> 녹기 시작하고 있는 것도 보이십니까?
> ─ 토머스 머튼 「숲」

2009년 가을
영혼이 제 속에서 밀랍처럼 녹기 시작한 모든 이들,
영혼이 고문당한다고 느끼는 모든 이들,
부서진 꿈들 앞에서 망연한 모든 이들에게
이 가난한 기록이 혹여 위로가 되길 빌며.

공지영

내 영혼은 어디론가
가고 싶어 했다

이 기행이 내게, 혼돈과 공허 그리고 삶과 사람들에 대한 허무감에 싸여 있던 내게
새로운 시작이 될 수 있을까.
내 어둠과 공허는 진정 창조의 질료가 될 수 있을까.

한 번도
가 본 적 없는 곳으로

2000년 11월 21일, 날씨는 갑작스레 추워졌다. 살갗에 닿는 찬바람이 수은주보다 정확하게 겨울이 왔음을 알려 주고 있었다. 늘 그랬던 것처럼, 가방을 챙기다 말고 '정말 떠나야 하나?' 생각이 들었다. 언제나 짐을 꾸려 놓고 나면 그 밤 나는 잠을 이루지 못했다. 갑자기 내 잠자리가 너무나 안온하게 느껴지고 익숙한 것들이 따뜻한 빛을 발하며 나를 붙잡는 느낌이었다. 떠난다는 것은 익숙한 것과의 결별이자 낯선 것과의 새로운 만남. 낯선 것이면 무엇이든 두려워서 여행을 떠나는 날이면 내 목은 자주 부어올랐고 그래서 포기했던 떠남이 내게는 많았다. 비단 여행뿐 아니다. 살면서 떠나야 할 시간에 떠나지 못해 주저앉은 적도 많았고 나중에는 그것이 아까워서 바득바득 살아야 했던 적도 있었다. 친구가 이런 나의 말을 듣고 물었다.

"그래? 넌 언제나 떠나야 할 시간이다 싶으면 용감하게 떠나는 사람인 줄 알았는데 …."

그래, 용감하게 떠난 적도 있었다. 주변 사람들이 '어쩌면' 하고 혀를 차기도 했다. 하지만 용감하다는 것이 공포가 없다는 의미는 아니다. 공포스러우니까 용감해져야 했던 것인지도 모른다. 두꺼운 털 스웨터를 트렁크에 챙겨 넣으면서 어쩌면 공포는 열망의 뒤통수인지도 모른다는 생각이 들었다. 열망을 느끼지 않으면 공포도 느낄 수 없을 테니까. 둘 다 일어나지 않은 것에 대한 감정이라는 공통점이 있는 것이다. 내 생을 자주 다른 길로 인도해 내던 그 두 감정은 …. 하지만 내 손은 아무 망설임이 없는 것처럼 트렁크를 잠그고 있었다.

나는 달력을 물끄러미 바라보았다. 11월과 12월의 달력에는 아마도 작년에 내렸을 눈이 수북했다. 추운 계절의 외국 여행은 처음이었고 말도 모르는 이국땅에 주소 몇 개와 전화번호 몇 개만 달랑 들고 떠나 보기도 또 처음이었다. 하지만 이 '처음'이라는 두려움과 맞서는 감정도 있었다. 그것은 '떠나고 싶다, 그곳에 가고 싶다'는 나의 열망이었다. 노트북과 카메라 그리고 두꺼운 스웨터를 몇 벌 챙겨 넣으니 가방이 불룩했다.

엄마 없이 이 겨울을 맞을 아이들이 왠지 스산해 보여서 '엄마, 정말 오늘 가?' 하고 묻는 아이들에게 억지로 옷을 꾸역꾸역 입혀 댔다.

콜택시 회사에 전화를 걸어 공항버스 정류장까지 가는 택시를 수소문해 보았지만 택시가 없다는 대답뿐이었다. 날씨가 추워져 사람들이 택시를 많이 이용하는 모양이었다. 떠날 시간은 다가오고 나는 초조해졌다. 내가 없는 동안 아이들의 가정교사 겸 보모 역할을 해 줄 김혜숙 선배가 사거리까지 나가 택시를 잡아타고 집 앞으로 왔다.

이 여행을 준비하면서도 그랬지만 비행기에 올라 좌석을 잡고 앉은 순간까지도 '정말 내가 이 여행 가는 거 맞나' 하는 생각이 들면서 이루 말할 수 없는 복잡한 심정에 사로잡혔다. 아직 말도 제대로 하지 못하는 막내까지 둔 삼십대 후반의 엄마가 이런 긴 여행을 떠날 수 있다는 것은 아무래도 무모하거나 용감하거나 둘 중의 하나일 테니 그런 이유가 첫째이고 둘째는 좀 복잡하고도 다른 이유 때문이었다.

내가 지금 여행을 떠나는 목적은 하나, 수도원에 가는 것이다. 유럽의 수도원 기행. 어디서부터 말을 꺼내야 하나 …. 사실 1년 전의 나라면 이런 여행은 하지 않았을 것이다. 1년 전의 나라면 하느님이라거나 교회라거나 하는 말만 들어도 낯을 찌푸리며 거부감을 표시했을 것이다. 일요일, 늦은 아침을 준비하다 부엌 창을 내다보며 나는 중얼거리곤 했던 것이다. "저 마약환자들 또 주사 맞으러 가는구나." (교회에 열심히 다니시는, 특히 우리 동네 분들 정말 죄송합니다.) 내가 이런 부끄러운 이야기를 부끄러운 줄도 모르고 하는 이유는 그만큼 이 여행이 이루어지기까지 내 경험이 독특하다는 것을 이야기하고 싶어서이다.

나는 수첩을 꺼내 11월 21일 면을 펼쳤다. '생활성서사'에서 나온 수첩에는 그날 날짜에 이런 글귀가 적혀 있었다.

내가 지칠 때, 나는 지금 내 영혼이 어디를 가고 싶어 하는지 주의 깊게 보겠다.

나는 글귀가 적힌 수첩을 소중히 챙겨 넣었다. 이 수첩에는 내가 한 달 동안 다녀야 할 유럽의 낯선 지명과 낯선 사람들의 연락처가 적혀 있었다. 이것은 한 달 동안 그들과 나를 이어 줄 동아줄 같은 것이었다. 나로 말하자면 유럽에 아는 사람도 없었고, 수도원이라면 유럽이 아니라 한국에 있는 곳도 가 본 일이 없는 사람이었다.

그 전화를 받던 날이 지금도 생생히 기억난다. 더운 여름이 가고 서늘한 바람이 조금씩 불어오던 초가을이었다. 나는 그 무렵, 방학을 한 아이들과의 씨름에 지쳐 있었다. 정신없이 뛰어온 내 생은 사소한 일상에도 멀미를 일으키고 있었고 진심을 말하자면 나는 '몰라, 나는 모르겠다고' 하며 쉬고 싶었다. 수첩에 쓰인 글귀대로라면 내 영혼은 어디론가 가고 싶어 했던 것이다. 어디 깊은 산속 암자에라도 가서 아무 생각도 없이 그저 툇마루에 쭈그리고 앉아 똑똑 떨어지는 낙숫물 소리만 사흘쯤 세다가 돌아오고 싶었다. 고요하고 심심하고 그래서 거울처럼 조용해진 마음에, 다시 내 마음을 한번 비추고 싶었다. 그래서였을 것이다. 그 전화를 받기 하루 전날 친구와 만난 자리에서 나는 이런 말을 했다.

"만일 하느님이 소원을 다 들어줄 테니 뭘 하고 싶으냐고 물어보시면 유럽의 수도원에 가서 한 한 달만 쉬었다 오겠다고 말씀드리고 싶어."

왜 하필 가까운 한국의 산사도 아니고 유럽의 수도원이라고 했는지 나는 아직도 잘 모르겠다. 하지만 내가 친구에게 그 말을 했던 것은 순전히 '그런 일이야 한 10년 내로 내 인생에서 일어나겠느냐'는 가정하에 한 말이었다. '산다는 게 참 힘들구나' 친구에게 어리광을 피우고 싶어서였고 '그래도 어떻게 하겠나, 인생에서 쉬는 날이 어디 있겠어' 하는 처지를 자신에게 확인시키고자 했던 말이었다. 그런데 그 다음 날 마치 신이 내게 귀를 기울이고 있던 것처럼 전화가 걸려 왔던 것이다. 전화의 발신자는 지면으로야 충분히 낯이 익었지만 실제로는 두어 번밖에 대면해 본 일이 없는 하 선생이었다. 물론 그와의 전화 통화는 처음이었던 만큼 목소리는 낯설었다.

"한 한 달쯤 애들 놔두고 집 비울 수 있어요?"

물론 나는 그럴 수 없었다. 아이들 말고는 소설조차 둘째가 될 만큼 나는 엄마 역할에 힘겨워하고 있었으니까. 그렇다고 내가 무슨 특이아동의 엄마라고 상상하지는 말기 바란다. 그저 남들 다 하는 엄마 노릇을 처음 해 보려니, 첫 휴가 나온 이등병처럼 사람들과 자신에게 엄살을 부리고 있었을 뿐이다. 어제 친구에게 한 달만 쉬고 싶다고 엄살을 부린 것도 벌써 다 잊은 나는 그럴 수 없을 거라고 정중히 거절을 하고 나서 예의 삼아 되물었다.

"무슨 일인데요?"

그런데 막상 하 선생으로부터 '유럽의 수도원'이라는 발음을 듣는 순간 어떤, 그러니까, 뭐라고 표현해야 할까, 내 마음속에서 오랫동안 침묵하고 있던 누군가가 '그래 떠나! 떠나라고!' 소리치기라도 한 것처럼 이미 환호성을 지르고 있는 자신을 발견했다. 하지만 나는 전화기를 붙들고 머뭇거렸다. 집을 그리 오래 비울 수 없다고 단호히 거절해 놓고 갑자기 말을 바꿀 수는 없었지만, 또 집을 그리 오래 비울 수 없다는 것도 거짓 감정은 아니었지만…. 그래서 '그래요 … 다른 곳도 아니고 수도원이라면 …' 해 놓고 나는 잠시 침묵했다. 내 태도는 내가 보기에도 우물거리고 있었으며, 저쪽에서 '그러면 말지' 할까 봐 겁까지 내고 있었다.

"왜 하필 저를 생각하셨어요?"

'저, 가고 싶어요, 다른 데도 아니고 수도원이라면 꼭 가고 싶어요' 하는 마음을 억누르며 하 선생에게 되물었다. 하 선생은 심드렁하게 대답했다.

"모르겠어요. 그냥 공지영 씨가 어울릴 것 같았어요."

나는 그에게 내가 원래 가톨릭 신자였으며 18년 동안이나 교회에 냉담했다가 최근에 다시 돌아온 사실을 혹시라도 그가 알고 있는지 조심스레 물었다. 하 선생은 "그래요? 그러면 그거 더 좋겠네요" 하고 말했다.

하 선생께 생각할 수 있는 시간을 하루만 부탁하고 전화를 끊었지만 하루 종일 일이 손에 잡히지 않았다. 사실을 말하자면, 너무나 그곳에, 한 번도 가 본 일이 없는 그곳에, 나는 가고 싶었던 것이다.

수첩에서 보험 영수증이 떨어져 내렸다. 아까 공항에서 여행자 보험을 들어 놓은 것이었다. '혹여' 하는 마음에 보험을 들러 갔던 일이 떠올랐다. 사십대 초반쯤으로 보이는 직원은 나에게 어떤 보험을 들지 결정하라면서 설명서를 꺼내 놓았다. 가만히 들여다보니 내 여행 기간 한 달을 기준으로 했을 때 5천만 원, 1억 원, 1억 5천만 원을 탈 수 있는 세 종류의 보험이 있는데, 5천만 원짜리와 1억 5천만 원짜리의 불입금이 3만 원인가밖에 차이가 나지 않았다. 나는 재빨리 머리를 굴려 보고는 1억 5천만 원으로 하겠다고 했다. 3만 원 더 내고 1억 5천만 원을 받는 게 이익이라는 건 너무도 당연한 일 아닌가. 직원이 사무적인 말투로 "그러시겠습니까?" 하는 순간, 나는 제정신으로 돌아왔다.

"가만, 그런데 이거 제가 죽어야 주는 거 아니에요?"

직원은 '죽는다'는 내 말에 순간 멈칫하더니 웃었다. 이런 바보가 있나 싶은 생각이 머리를 스치고 지나갔다. 죽는다는데, 죽은 다음에야 나오는 돈인데 5천만 원이 나오면 뭐하고 1억 5천만 원이 나오면 뭐한단 말인가. 이러니까 부처님이 '인간들이 죽음을 잊고 사는 게 놀랍고도 놀라운 일이라고 하셨구나' 싶었다. 갑자기 나는 내야 할 돈 3만 원이 말할 수 없이 아까워졌다. '하지만 만일 내게 무슨 일이 생긴다면 …' 생각하자 아이들 얼굴이 떠올랐다. 아이들은 엄마가 없으면 그래도 돈이라도 있어야 좀 낫지 않겠나. 나는 공항 구석의 여행자 보험 신청자들 틈에 줄을 서서 갑자기 내 존재의 값을 결정해야 하는 비장한 고민에 빠져 버린 것이다. 10여 분의 장고 끝에 스스로 절충을 해서 1억 원짜리 보험을 들고 말았다.

비행기는 그곳 시간으로 오후 네 시쯤 파리에 도착했다. 파리에 온 것은 두 번째이지만 드골공항에 내리기는 처음이다. 파리, 아아(?), 파리…. 나는 파리라는 도시를 잘 기억하고 있다. 프랑스혁명의 도시, 발자크의 도시, 개선문의 도시…. 그런데 내게 파리의 첫인상은 새벽이었다.

4년 전 여름 한불문화재단의 초청으로 파리에 가야 했던 나는 밤기차로 프랑크푸르트를 떠나 새벽녘 파리에 도착했다. 나는 그때 유럽이 처음이었다. 그러나 새벽 파리는 어이없게도 쓰레기 더미에 묻혀 있었다. 파리 동역에서 내려 택시로 한불문화재단이 있는 곳까지 이동하는 동안 내가 본 것은 잠든 파리의 쓰레기였다. 맨발로 걸어 다녀도 될 것 같은 깨끗한 독일의 거리와는 달리 쓰레기를 길거리에 그냥 버리게 하는 이유는 청소부들의 실업을 걱정해서(?) 그런 거라는 설명을 기억하며 파리에 실망하지 않으려고 애썼다. 한불문화재단의 강연은 오후 다섯 시, 짐을 맡겨 놓고 천천히 파리를 구경하기로 했다. 그런데 한불문화재단이 있는 파리의 그 거리는(몇 구역인지 지금은 생각나지 않지만) 한마디로 전혀 낯설지 않았다. 왜 낯설지 않았느냐 하면, 파리는 그냥 대도시였고 나는 마치 청량리에 와 있는 듯했던 것이다. 그러니까 백화점이 있고 노점상들이 있고 사람은 많고 매연이 자욱한 그런 청량리…. 다른 점이 있다면 사람들의 머리 색깔과 피부색이 가지각색이라는 점 정도일까.

그래, 몽마르트르로 가야 했다. 이왕 파리까지 왔는데, 청량리랑 똑같은 거리만 보고 간다면 너무 억울할 것 아닌가. 소설에도 나오고 영화에도 나오고 내가 꿈꾸며 읽었던 숱한 기행문에 나오는 파리의 몽마르트르! 택시를 타고 '몽마르트르'라고 발음하면 될 걸, 나는 새로 산 지도를 꺼내 몽마르트르를 찾기 시작했다. 이것이 시작이었다. 나와 파리의 인연이 비운의 연인들처럼 어긋나기 시작한 것은….

택시를 탄 것까지는 좋았는데, 지도를 보여 주며 빨간 줄로 표시해 놓은 몽마르트르라는 지명을 보여 준 것까지도 좋았는데, 택시 운전사는 동양인인 내게 몇 번이나 되묻는 것이었다. 정말 여기로 가겠느냐고. 왜 그 운전사가 몇 번이나 되묻는지 영문도 모른 채, 나는 약간은 오만하고 불쾌한 표정으로 침묵했다. 가라면 가지 무슨 잔소리가 많느냐고, 아마 불어만 잘했다면 그렇게 말했을 것이지만 그렇게 복잡한 불어는 못 하니까 잔뜩 인상을 찡그리고 침묵하는 수밖에.

운전사는 몽마르트르 거리에 나를 내려 주었다. 아, 드디어 파리 그리고 몽마르트르에 도착한 것이다! 그런데 어디를 봐도 화가들이 보이지 않았다. 내가 읽은 여행기에 따르면 파리의 몽마르트르에서 숱한 무명 화가들이 이젤을 소망처럼 우뚝 세워 놓고 고흐나 고갱이나 그 무엇이 되기를 꿈꾼다던데 …. 대체 내가 꿈꾸던 파리, 어디에 가든 아코디언 소리가 울려 퍼지고 탱고 리듬에 발걸음도 달라질 것 같던 그런 파리는 오간 데 없고 그냥 대도시만 펼쳐져 있었다. 답답한 열기가 가득 찬 거리를 걷고 또 걸었다. 날은 덥고 발은 아프고 여기로 가다가 되돌아서고, 저기로 가다가 되돌아서고, 무려 30분 동안 같은 거리를 헤맨 끝에 나는 알게 되었다. 파리에는 두 군데의 몽마르트르 거리가 있으며, 내가 도착한 곳은 작은 몽마르트르 거리였다는 것을. 그러니까 서울로 치자면 강남구 신사동에 가야 할 것을 은평구 신사동에서 한강을 찾고 있던 꼴이었다는 것을 ….

아무튼 그해 여름 나는 파리에서 지갑을 소매치기당하고, 샤워실 없는 숙소에서 잠을 자고, 비행기 예약을 취소당하고, 하찮은 돈 때문에 누군가와 눈살을 찌푸리고 …. 나는 겨우 안면이 있을 뿐인 파리 8대학의 이 교수님 댁에 하는 수 없이 신세를 졌다. 날마다 비행기 웨이팅을 하러 공항을 오가며 그 댁에 사흘을 더 머물렀다. 결국 그 파리에서 비행기를 못 타고 프랑크푸르트로 가야 했는데, 마지막 날 포도주를 대접해 주시던 이 교수님께 나는 물었다.

"그 파리 말이에요, 영화에 나오고, 소설에 나오고 수필에 나오는 그 파리는 어디 있어요?"

그러자 파리에서 20년을 사신 이 교수님께서 대답했다.

"그 파리가 여기예요."

아무튼 그 파리에 나는 도착한 것이다. 오후 네 시에도 벌써 어둠이 내려 버린 파리에는 빗방울이 듣고 있었다. 이제 더 이상 '그 파리'를 찾지 않게 된 나는 서울의 올림픽대로보다 더 막히는 도로 사정에도 놀라지 않고 느긋하게 택시에 앉아 대도시 파리를 구경했다. 이제 숙소에 도착하면 수첩을 열고 파리 외방전교회 소속이신 이영길 신부님께 전화를 드려야 했다. 본 적은커녕 이름조차 처음 들었고, 하다못해 고향도 다르고 아마 만나 보면 가치관도 다를 게 틀림없는(왜냐하면 그분의 목소리는 매우 가부장적이고 보수적으로 들렸기 때문이다. 첫 전화에서 내 소개를 하자 이 신부님은 물으셨던 것이다. "아이들 엄마가 그리 오래 집을 비워도 돼요?" 게다가 그분은 보수적이기로 유명한 안동 출신이시기까지 하다), 그런데 나를 아르장탕의 수녀원으로 데려다주시겠다는 이영길 가를로 신부님 ….

아르장탕 가는 길

　　　　　　　　　　　　　서울에는 겨울이 시작됐지만 파리
는 아직 늦가을이었다. 작고 노란 가로수 이파리들이 하염없이 지고 거리엔 간간이 비가 뿌리고 있었다. 나는 아침 일찍 숙소를 나섰다. 하루쯤 호텔에서 게으름을 부리며 쉬고 싶었는데 그곳 수도원 사정이 오늘이 아니면 안 된다니, 파리에 도착한 이튿날 새벽부터 길을 서둘러야 했다.

　　나는 혼자서 작은 배낭을 꾸려 길을 떠났다. '혼자서', 이 얼마나 내가 꿈꾸던 단어였던가. 이영길 신부님이 전화로 일러 주신 대로 바빌론 가街에서 택시를 내렸다. '바빌론'. 성경의 창세기를 초안한 때가 유대인들이 바빌론으로 끌려가 노예 생활을 하고 있었을 때라는 말을 처음 들었던 일이 떠올랐다. 국제전화와 이메일로 내게 성경 공부를 시켜 주신 미국 뉴저지의 길벗교회 목사님의 얼굴도 따라 떠올랐다. 당대 세계 최강국이던 바빌론에서 노예 생활을 하던 히브리인들이 왜 하필 그때 성경의 첫 줄인 창세기를 쓰기 시작했는지 잘 생각해 보라고 그분은 말씀하셨다. 바알이라는 이국의 신앙에 사람들은 원래의 제 신앙을 잃어 가고, 최고의 강국 바빌론의 물질에 젖어 원래 자신들이 가졌던 귀중한 것을 잃어 가던 노예 동포들에게 창세기의 첫 줄을 써 주던 사람들의 얼굴을…. 목사님은 그때 말씀하셨던 것이다. 모든 창조설화는 무에서 유를 창조하지만 창세기의 하느님은 어둠과 혼돈과 공허라는 질료를 가지고 세상을 창조하신다고, 그리고 그것은 하느님이 세상을 창조하신 일 회의 사건이 아니라 개인의 일생에서도 반드시 일어나야만 하는 일이라고…. 이 기행이 내게, 혼돈과 공허 그리고 삶과 사람들에 대한 허무감에 싸여 있던 내게 새로운 시작이 될 수 있을까. 내 어둠과 공허는 진정 창조의 질료가 될 수 있을까.

    18년 동안 교회와 신앙을 떠났다가, 미국에 사는 언니의 소개로 처음 목사님이라는 신분의 사람과 통화했을 때의 일도 떠오른다. 국제전화 요금이 마구 올라가는 것도 잊어버리고 훌쩍훌쩍 울던 내 모습이. 만일 혼돈과 공허에 참회의 눈물이 보태진다면, 어쩌면 무언가가 새로이 태어날 수도 있지 않을까. "새로운 사실이 태어나기 전에 반드시 영혼의 어두운 밤이 있다"고 조지프 캠벨Joseph Campbell은 말했다. 모든 것을 잃고 모든 것이 캄캄해진 후에야 비로소 필요했던 새 인생이 오는 법이라고. 나는 낯선 파리, 바빌론 가의 비 젖은 보도를 걸어가면서 그것이 '당신의 뜻대로 이루어지기를' 기도했다.

파리 외방전교회로 찾아가 기다리니 자그마한 체구에 청바지를 입고 코듀로이 재킷을 입은 분이 걸어오셨다. 전화로 통화할 때는 쉰이 넘으셨지 싶었는데 막상 뵙고 나니 사십대 초반으로 보인다.

"제가 서울에서 전화 드렸던 공지영 마리아입니다."

이영길 신부님은 나를 바라보며 악수를 청하시고는 빙그레 웃으셨다. 나는 우선 준비해 간 내 책을 두 권 드렸다.

"생각보다 젊으시네요."

내가 묻자 이영길 신부님은 "제가 원래 남을 좀 잘 속입니다" 하고 웃으셨다. 그런데 웃으시니 눈가의 주름이 그대로 드러나고 흰 머리칼이 선명해진다. 실제로 이영길 신부님은 쉰이 갓 넘으셨고 그 나이에도 새로 박사 논문을 준비하고 계셨다. 신부님의 차에 타려는데 노트북을 실어 놓은 게 보인다. '그 마음이야 알지' 싶은 생각이 들었다. 설사 그곳에 가서 노트북을 펴고 논문 한 줄도 못 쓰신다고 해도 아마 그래야 신부님 마음이 편할 것이다. 그건 내가 집필실로 쓰는 사무실에 출근해서 노트북을 켜 놓고서야 낮잠을 자는 이유와 같은 이치일 것이다. 나는 신부님께 이상한 동질감을 느꼈다.

　이영길 신부님의 차를 타고 파리에서 서쪽으로 두 시간가량 떨어진 아르장탕Argentan으로 출발했다. 하늘엔 검은 먹구름이 뒤덮인 흐린 날씨, 하지만 서편으로 엷게 옥색 하늘이 드러나기 시작했다. 먹구름으로 뒤덮인 것만 같던 내 생에 저런 옥색 하늘이 드러나 주기를 나는 다시 기도했다. 구름이란 원래 푸른 하늘을 가리는 것이니까. 푸른 하늘이 원래의 바탕이고 구름은 그 그늘에 지나지 않으니까. 그렇게 두 손을 모으고 있으려니, 내게 생을 두고 너무 많은 것을 바라고 있다고 충고하던 친구들의 목소리가 들려오는 듯했다. '사는 거 별거 아냐, 사는 데 대해 너무 많은 것을 바라지 마. 그러면 너만 자꾸 다쳐 ….' 그들의 충고 앞에서 '그래 그렇겠지' 입을 다물고 있었지만 그 열망을 버리지 못하고 있었다. 다치는 것쯤은 두렵지 않았다. 휴 프레이더Hugh Prather의 말대로 나는 무엇인가를 늘 갈망하며 살았다. 나는 손을 뻗어 어두운 구름 위쪽을 더듬고 싶었고 내가 품은 회의에 나 자신을 내동댕이치고 싶었다. '거듭거듭 나는 진실에 의해 갈기갈기 찢어지고' 싶었던 것이다. 그것이 진실이라면, 그것이 진실이기만 하다면 ….

　파리를 벗어나자 프랑스의 늦가을 풍경이 펼쳐졌다. 유럽에 올 때마다 느끼는 것이지만 나를 감동시키는 것은 늘 농촌의 풍경이다. 대도시야 어디든 비슷비슷하지만 유럽의 농촌을 볼 때마다 나는 늘 우리나라를 돌이켜 보게 된다. 그 농촌에 사는 사람들의 속내야 비슷비슷한 삶의 질곡들을 가지고 있겠지만 우선 '사는 게 저래야 하지 않을까' 싶어지는 것이다. 가든과 카페와 ○○장 여관이 없는 곳. 농촌에 살려면 그런 풍경 말고 그래도 이 정도 풍경에서는 살아야 하는 거 아닌가. 색색으로 물든 단풍에 야트막한 지붕들, 돌담들, 담쟁이들, 작은 성당들…. 풍경이 하도 아름다워 몇 번이고 차를 멈추고 사진을 찍고 싶었지만 초면에 이 신부님께 차를 '여기 세워라, 저기 세워라' 말씀드리기도 뭣해서 그냥 자리를 지키고 앉아 있었다. 나중에 알고 보니 그 고속도로 풍경이 프랑스에서 손꼽히는 경치라고 한다. 나중에라도 프랑스를 여행하실 분은 파리에서 샤르트르를 거쳐 대서양 연안의 그랑빌 쪽으로 가는 도로를 달려가면 되겠다. 언제라도 다시 프랑스에 간다면 북부 노르망디 해변의 에트르타Etretat와 함께 다시 한 번 꼭 가고 싶은 곳으로 내게는 기억되는 길이었다.

내가 처음 성당이라는 곳에 간 것은 중학교 1학년 겨울이었다. 왜 성당에 나갔느냐 하면, 솔직히 남학생을 사귀고 싶어서도 아니고 거기 가면 뭐 좋은 것을 준다더라, 그래서도 아니었다. 나는 책을 끼고 다니며 시인을 꿈꾸던 문학소녀였으니 '이왕이면 성당에 나가 하얀 미사포를 둘러쓰고 파이프오르간이 은은히 울리는 아무도 없는 성당에서 심각

아르장탕 가는 길. 풍경이 하도 아름다워서 몇 번이고 차를 멈추고 사진을 찍고 싶을 정도였다.

하게 기도를 하면 더할 나위 없이 구색이 맞을 것 같아서'가 어쩌면 정직한 이야기일 것이다. 그 당시 반항하던 나와 그걸 견디기 힘들어하는 엄마와의 갈등도 있었고, 아마도 그 무렵 읽은 지드의 『좁은 문』에 나오는 알리사나 헤세의 청춘 소설에 나오는 신학교의 엄숙한 분위기에 대한 호기심이 끼친 영향도 매우 컸을 것이다. 알리사가 사랑하는 사촌 제롬을 두고 기도하던 그 구절, "하느님, 당신을 더 사랑하기 위해 내게는 그의 사랑이 필요합니다"라는 말은 어찌나 멋지게 느껴지던지 …. 어쨌든 그렇게 간 성당에서 세례도 받고, 학생회 활동도 하고, 성경 구절도 달달 잘도 외워서 교리 경시대회에 나가 상도 탔다. 신부님과도 친해지고 신학생을 짝사랑하기도 하고 …. 내가 성당에 나간다고 공부를 더 잘하게 된 것도 아니고 엄마와의 갈등이 해결된 것도 아니었지만, 생각해 보면 그 당시 사춘기를 성당에서 보냈다는 그 사실은 내가 생각했던 것보다 훨씬 더 지대한 영향을 내 인생에 끼쳤음을 나는 이제야 절감한다.

그때 내가 다니던 여의도성당은 전국에서 처음으로 젠gen이라는 운동을 받아들이고 학생들에게 '젠 미사'라는 것을 매주 허용한 성당이었다. 젠 미사란 한마디로 기타와 드럼을 치고 고래고래 소리 지르며 노래를 해도 되는 그런 미사였다. 그때 주임 신부님이시던 최용록 프란치스코 신부님이 그만큼 열린 분이었다는 이야기도 된다. 최 신부님은 우리가 부활절을 앞두고 판공성사를 보기 위해 줄을 서 있으면 "됐다, 너희들이 지어 봤자 무슨 그리 큰 죄를 지었겠니, 판공성사 다 본 셈치고 가서 부활달걀 칠하는 거나 도와라" 하며 인자하게 웃던 그런 분이었다. 지금까지도 주일미사 한 대 전체를 드럼과 기타에 내어 주는 성당을 나는 아직 본 일이 없으니까 그때 젊은 신부님도 아니었던 최 신부님의 열린 생각에는 지금도 존경의 마음이 든다. 만일 그때 내가 다니던 성당에서 엄숙한 노래만 울려 퍼졌다면 내 인생은 아마도 또 달라지지 않았을까.

포콜라레focolare, 즉 벽난로라는 뜻을 가진 이 운동은 이탈리아에서 제2차 세계대전 후 모든 가치를 잃어버리고 혼돈과 증오에 빠져 있는 사회와 인류에 대한 고민에서 출발한 젊은이들의 운동이라고 나는 기억하고 있다. 그것은 모든 다른 종교를 가진 사람들뿐 아니라 신앙이 없는 사람들과의 화해와 형제애를 강조하는 것이었다. '성모성심, 주여, 우리 찬양 받으소서' 하는 가톨릭의 전형적인 노래와는 다른 젠의 노래들이 그렇게도 좋았다. 그건 대충 이런 내용들이라고 기억된다.

> 한 어린이 커다란 의문 갖고 심각한 표정으로 엄마에게 묻네
> 어찌 밤이면 태양이 지고, 어찌하여 나뭇잎은 떨어져요?
> 어찌하여 사람들은 싸우면서 죽어 가요?
> 어찌 저 아이는 헐벗었고, 어찌하여 배고픔을 당하나요? …
>
> 온 세상 곳곳에 수많은 강이 흐른다
> 길고 깊게 흐르는 강 우리를 가른다

서로 강 건너 마주 바라보지만, 아

만나지 못한 채 그 눈길은 불신으로 가득 차 …

강은 장벽을 쌓는다

노인과 젊은이 사이에

양편 언덕을 갈라선 부자와 가난한 이들

흑인들은 건너편 강 위에 있는

백인 형제들을 멀리서 바라다본다 …

    나는 가난한 곳에서 살아 본 경험이 별로 없고 주위 친구들도 그저 그렇게 비슷하게 사는데, 신부님은 미사 때마다 우리가 얼마나 축복받았는지 감사해야 하며 우리가 거저 얻은 이 물질의 풍요를 가난한 이들과 나누어야 한다는 말씀을 귀에 못이 박히도록 하셨다. 그것이 학교의 교장선생님 말씀이라면 아무 상관이 없었겠지만 내가 존경하던 최 신부님의 말씀이니 '너는 떠들어라, 나는 모른다' 학교에서 하던 방법이 나 스스로에게 통하지도 않았다. 그러니 그런 최 신부님이 정확히 무엇을 이야기하는지 실감은 나지 않았고 또 실제로 부모님들이 여유가 있는 것이지 우리가 무슨 떼돈을 주무르는 것도 아니었지만, 그런 말씀을 들을 때마다 사실 우리가 무슨 큰 죄라도 지어 이곳 여의도에 살고 있는 것 같은 미안함은 지울 수 없었다. 그래서 우리는 주말마다 쌀과 라면, 비누

등을 담은 꾸러미를 들고 빈민촌과 고아원 그리고 양로원 같은 곳을 방문해 나누어 주거나 기타를 들고 정신병원과 교도소 등을 다니며 노래도 불렀다.

시립고아원에 봉사활동을 갔을 때 갓 태어나 버려진 아이들을 보았던 충격은 지금도 생생하다. 그 아이들은 모두 언청이거나 기형아였다. 보모들이 말했다. "아기들 건드리지 마세요. 안아 주지도 말아요. 한 번 안아 주면 자꾸 안아 달라고 울어요. 그게 버릇이 되면 우린 너무 힘들어요 ···." 보모들 몰래 그래도 우는 아기를, 보기에도 흉측한 아기들을 안아 주면 사랑에 주린 아이들은 내가 엄마인 듯 내 가슴에 고개를 묻고 새근새근 잠이 들었다. 이 세상에 나와 보니 얼마나 기가 막히니, 너희가 이렇게 생긴 건 너희 잘못이 아닌데 이제 어떻게 살아갈 거니 ···. 잠든 아기들을 라면 박스만 한 제 침대에 놓아 주면 아이들은 지금 자신을 떠나는 손길을 찾아 조그만 팔다리를 버둥거리며 자지러지게 울었다. 우는 아이들을 뒤로하고 돌아서면서 '보모들 말대로 안아 주지 말 걸 그랬나. 책임도 못 질 걸 그냥 두고 갈 걸 그랬나. 이럴 때 대체 나는 어떻게 해야 하는 걸까?' 마음이 아프다가 나는 물었다.

하느님 대체 왜 우리를 만드셨습니까? 내가 생각해 봤는데요, 하느님이 우리를 죽게 하는 것, 병들게 하는 것, 그것까지도 다 이해할 수 있다 쳐도, 하느님 뭐하러 우리를 만드셨나요? 하느님 혼자 이 세상 만드시고 땅과 하늘과 바다와 짐승까지 지으시고 '그냥 보기 좋았다' 하고 마시지 뭐하러 우리를 만들어서 하느님도 우리도 이 고생인가 말이에요…. 하느님은 언제나처럼 대답이 없으시고, 나는 그 후 성당을 떠날 때까지 끝끝내 그 대답을 얻을 수 없었다.

아마도 지금의 안양일 거라고 생각되는데, 한 곳에 도착했을 때 우리가 물품을 나누어 주어야 할 가난한 집들이 한 채도 보이지 않은 일도 있었다. 아무리 둘러봐도 풀 한 포기 없는 황량한 땅에 비닐 조각들만 나부끼고 있을 뿐, 고아원도 양로원도, 판잣집도 보이지 않는 것이었다.

"어디로 가는 거지요?"

내가 묻자 우리 담당 주일학교 선생님이 손가락을 들어 찬 겨울바람이 일고 있는 흙더미를 가리켰다. 가까이 다가가자, 야트막한 비닐 더미들이 보였던 기억이 난다. 집을 잃고 쫓겨난 빈민들이 그곳에 땅을 1미터쯤 깊이로 파고 비닐로 덮은 채 살고 있었던 것이다. 물론 우리가 갔을 때 그곳 사람들은 한 명도 보이지 않았다. 모두 일을 나간 모양이었다. 짐승도 아니고 사람이 이런 땅굴을 파고 우리와 동시대에 살고 있다는 사실에 충격을 넘어 경악으로 질려 버린 우리는 한참을 멍하니 서 있다가 돌로 눌러놓은 비닐을 하나씩 걷어 보고 작은 냄비와 숟가락, 젓가락, 축축한 이불들이 뒹구는 그 흙더미 속에 우리가 가지고 간 구호품 꾸러미를 놓고 왔다.

만일 내가 저런 부모에게서 태어났더라면, 그래서 부모 따라 하는 수 없이 황량한 저 땅속에서 비닐을 천장 삼아 잠들어야 하는 아이였다면, 나는 그래도 나일 수 있었을까. 대체 그렇다면 나는 나로서 내가 아니니, 나는 누구인가. 인간들에게 이런 비참을 허락하신 신은 대체 있기나 한 것일까. 있다면 왜, 우리를 만들어서 또 이런 지경을 방관하고 있단 말인가. 그런 잔인한 신에게 경배는 드려 무엇한단 말인가. 돌아오는 버스 맨 뒷좌석에 나란히 앉아 흔들리면서 우리는 아무도 입을 열지 않았다. 아마 그때가 중학교 3학년, 1977년 무렵이지 않았나 싶다.

그리고 신부님이 바뀌셨다. 최 신부님이 "그래그래" 하며 웃는 신부님이셨다면, 김택암 신부님은 젊고 패기 넘치는 신부님이셨다. 신부님의 주일미사 강론은 그 당시 유신에 대한 비판으로 가득 차 있었다. "정의구현사제단 소속이시라더니 신부님이 너무 정치적이신 거 아냐" 투덜거리는 신자들의 소리가 들리더니 어느 날 신부님이 잡혀가셨단다. 당시 세상을 떠들썩하게 하던 가톨릭농민회 오원춘 사건 때문이라고 사람들이 수군거렸다.

인생이 그렇게 풀리려고 그랬는지 아니면 믿음이 깊은 사람들이 말하는 대로 하느님의 뜻인지, 내가 짝사랑하던 신학생마저 얼굴을 보고 싶어 혜화동 신학대학으로 면회를 가면 내게 일장 시국 강연을 해 댔다. 내가 존경하고 사랑하는 신학생이 유신이 나쁘다고 하니, 나에게 그 유신이 얼마나 미웠겠는가. 그리고 어느 날 그 신학생은 드디어 몇 장의 사진을 가지고 나왔다. 동일방직 여공들이 조직한 노조를 파괴하기 위해 회사 측에서 고용한 깡패들이 여공들의 벗은 몸에 똥을 뿌리는 그 유명한 사진이었다. 내가 짝사랑하던 그 신학생은 침통한 표정으로 우리가 이런 시대에 살고 있다고, 이런 시절에 교회가 해야 할 일이 무엇인지 우리는 진정 생각해야만 한다고, 그러니 예수는 대체 어디에 있어야 하느냐고, 분노에 가득 찬 열변을 토했다. 그 사진에 나온 광경을 믿을 수가 없어서, 나약한 여공들이 인간답게 살겠다는데 거기다가 똥을 뿌리는 이 세상이 너무 싫어서, 돌아오는 길에 혜화동 신학대학 입구에 주르르 선 플라타너스 나무 하나를 붙들고 토했던 생각이 난다. 벌거벗겨진 채로 울부짖던 그 여공들이 내 나이의 소녀들이라는 생각을 하니 짝사랑에 목매 토요일마다 이곳에 면회를 오는 나 자신이 왠지 바보 같고 멍청하고 한심해 보여서, 그리고 어째서 내 첫사랑은 내게는 관심이 없고 오직 시국에만 관심이 있는지 너무 속이 상해서 토한 끝에 한참 울었던 것 같기도 하다.

그리고 몇 년 후 내가 짝사랑하던 신학생은 신학교를, 나는 성당을 떠났다.

이 신부님의 작은 차는 거의 200킬로미터의 속도로 달리고 있어서 나는 무서워 죽겠는데 이 신부님은 시계를 보며 액셀러레이터를 더 밟으신다. 폴크스바겐 골프라는 차는 생긴 것은 우리나라 포니원처럼 자

그마한데 힘은 어찌나 센지 그 높은 속도에도 미동 하나 없다. 독일 차가 이래서 좋은 거구나 싶다. 수도원 식구들이 우리와 함께 점심을 먹으려고 기다리고 있어서 서두른다고 하시며 이 신부님은 속도를 더 높이면서도 "저기가 샤르트르라는 유명한 수도원이 있는 곳이에요. 저기는 교구 성당이에요" 설명을 해 주신다. 두 시간 반쯤 걸려 우리는 드디어 아르장탕에 도착했다. 이곳은 봉쇄수도원, 즉 관상수도원이라고 하는데 한번 들어가면 스스로 원해서 나올 때까지는 쇠창살 밖으로 나올 수 없는 곳, 그곳에 마흔일곱 분의 수녀님들이 생활을 하고 계시는데, 한국 수녀님이 두 분 계시단다.

노트르담 봉쇄수녀원

베네딕도회 아르장탕 노트르담 봉쇄 수녀원Abbaye Notre-Dame d'Argentan은 프랑스에서 가장 오래된 수도원 중 하나다. 첫 건물이 580년에 세워졌다고 하니, 우리나라가 신라 · 백제 · 고구려 이렇게 삼국시대였을 때 이미 이 수도원이 있었던 셈이다. 그러나 건물은 그렇게 오래된 모양은 아니었다. 1944년 폭격으로 파괴된 건물을 다시 세웠다고 한다.

내가 다녔던 연세대학의 본관 건물처럼 생긴 야트막한 돌건물 앞에 차를 세우고 짐을 챙기는데 뜻밖에도 수도원 돌담에 핀 접시꽃이 보였

중세의 전통을 고스란히 간직한 아르장탕 수녀원의 전경

다. "여기도 접시꽃이 있네" 하면서 한참 서성이고 있는데 문이 열리고 눈이 동그란 수녀님의 얼굴이 보였다. 수도원 기행의 첫 장소, 처음 만난 수녀님의 얼굴은 봉쇄수도원의 음울한 창살을 연상하고 있던 내게는 놀라웠다. 그러니까 그 수녀님의 얼굴은 뭐랄까, '좋아서 죽겠는' 그런 얼굴이었던 것이다. '예상이 빗나간다' 싶은 생각이 들었다. 엄숙하고 장엄하고 그러면서도 회색빛 베일에 싸인 수도원 기행의 뉘앙스는 도저히 찾아볼 수 없게 생긴 수녀님은 "봉주르!" 하며 또 웃으신다. 함박 벌어지는 입매며 잔주름 진 눈은 그러니까 속세로 말하면 복권이 당첨된 이모를 둔 조카의 얼굴처럼 밝았다. 나중에 알고 보니 그분은 원래 결혼하고 자녀까지 둔 분이었는데 남편이 죽자 수도원으로 들어왔단다. "유부녀였던 사람이 수녀 돼도 돼요?" 내가 묻자 이 신부님은 "되나 봐요" 하신다. '유럽 수도원의 엄한 규칙 속에도 그런 융통성이 있나' 생각하니 부럽다. 이곳이 프랑스에서 두 번째로 오래된 봉쇄수도원이고 아직도 중세의 전통을 고스란히 간직하기로 유명한 곳이라는데, 예상이 계속 빗나가나 싶었던 나는 얼떨떨하게 식당으로 따라갔다.

식당에 들어가 처음 느낀 인상은 그곳이 너무나 로맨틱하다는 것이었다. 꽃무늬가 아름다운 식탁보, 그 위에 놓인 먹음직스러운 감자와 양배추를 곁들인 소시지 요리, 프랑스 빵 그리고 적포도주에 커피까지! 잡지사에서 일하는 친구가 왔다면 화보를 찍자고 해도 손색이 없었을 것이다. 화려하진 않지만 아기자기하고, 소박하나 품위 있는 식탁이었다. 나중에 알고 보니 내가 먹은 것은 수녀님들의 식사와는 전혀 다른 것이라고 했다. 수녀님들은 일주일에 소시지를 포함해서 단 두 번 육류를 드실 뿐 나머지는 빵과 물, 감자 같은 아주 간소한 식탁을 대하신다고.

절간의 가난한 식사를 상상했던 배고픈 나는 입이 절로 벌어졌다. 나는 어느 곳에 가든 맛있는 것만 주면 나머지는 아무래도 좋다는 단점을 가진 사람이기 때문이다. 그곳에는 할머니 두 분이 계셨는데 우리를 기다리느라 식사를 미루고 계셨다. 이 신부님은 할머니들과 포옹을 하고 듣기 좋은 불어로 인사를 했다. 그리고 내 소개를 하자 할머니들은 모두 환한 웃음으로 반겨 주셨다. 그 할머니들은 이곳에 수녀님으로 들어온 딸을 둔 어머니들이었다. 불어를 못 알아들어도 눈치로 대충 때려잡으니, 할머니들은 이곳을 마치 딸네 집처럼 자유롭고 정겹게 생각하고 계신 듯했다. 배가 고픈 김에 염치도 없이 감자와 소시지 요리를 두 그릇씩이나 먹고 포도주도 사양 안 하고 열심히 먹었다. 소시지가 곁들여진 양배추 요리는 독일에서 먹어 본 '자우어 크라우트'와 비슷한 것이었는데, 물어보니 프랑스 알자스 지방의 요리라고 한다. 알자스, 로렌이라면 우리가 학교 다닐 때 교과서에서 배운 알퐁스 도데의 『마지막 수업』이라는 소설의 배경이 된 곳이니, 독일 요리가 맞지 싶다. 그런데 불어로 슈크루트choucroute라 부르는 이 요리는 독일의 그것보다 신맛이 덜하고 정말 부드럽고 맛있었다. 말하자면 독일의 자우어 크라우트가 묵은지볶음

왼쪽 화려하진 않지만 소박하고 품위 있는 수녀원의 점심 식탁
오른쪽 수녀원의 소박한 십자가

수녀원에 딸을 둔 어머니들. 말도 통하지 않는 내게 외할머니처럼 자상하게 대해 주셨다.

이라면 이건 잘 익은 김치볶음 정도라고나 할까. 외국에 가면 제일 고통스러운 일이 맛있는 김치를 못 먹는 것이라고 생각하는 나 같은 사람에게는 정말 반가운 요리다. 나는 식사 전 기도에서 하느님께 더 감사드리지 못한 것이 좀 죄송스러워졌다.

식사를 마치고 나서 할머니들과 커피를 마시며 담소를 나누었다. 아니 라타피라는 할머니는 모리스라는 인도양의 섬에서 아홉 시간 동안이나 비행기를 타고 오늘 도착하셨단다. 자기네 조상이 원래 프랑스 귀족이었는데 하도 나쁜 짓을 많이 해서 프랑스혁명 때 당시 프랑스 식민지이던 그곳으로 도망갔단다. 꼭 톰 소여 같은 인상의 할머니들은 처음 만나는, 더구나 말도 통하지 않는 내게 외할머니처럼 자상하게 대해 주셨다. 문득 지난 두 번의 유럽 여행에서 만났던 할머니들이 떠올랐다. 음울하고 어둡고 작아 보이던 인상의 할머니들에게(혼자 여행하는 할아버지들은 만나지 못했다) 유학생들은 절대 영어로라도 말을 붙이지 말라고 했다. 너그러운 생각에 그 할머니들에게 말을 붙였다가는 끝까지 그들의 말상대를 하는 대가를 치러야 한다고. 그분들은 언제나 개를 한 마리씩 데리고 다닌다. 기차 일등석이나 레스토랑에도 개를 데리고 스스럼없이 오는 게 신기해서 내가 묻자 현지 사정을 잘 아는 유학생이 말한다.

"그걸 금지시킬 수가 있겠어? 저게 저 사람들의 목숨 줄인데…. 말하자면 개 때문에 사는 거지."

설마 개 때문에 살기야 할까마는 그만큼 외로움의 정도가 심한가 보았다. 그런데 이 할머니들의 얼굴에는 그런 찌든 기색이 없다. 소녀들처럼 재잘거리는 불어 소리가 식당 가득 울린다. 한때 나는 '노년 준비를 위해 신앙을 가져야지' 하고 약삭빠르게 생각했다. 그것 때문에 하느님과 교회로 다시 돌아온 것은 아니지만 어쨌든 틀린 생각은 아니다 싶어졌다.

식사가 끝나고 함께 설거지를 한 뒤 이 신부님의 안내로 수도원을 둘러보았다. 고풍스러운 여학생 기숙사처럼 생긴 아르장탕 수도원에는 늦가을인데도 꽃이 한창이었다. 이 신부님의 통역으로 안내를 받았다. 아까 내가 처음 보았던 그 문지기 수녀님은 여전히 좋아 죽겠다는 그런 미소를 내내 짓고 있었다.

이곳에 처음 들어온 수녀님들은 우선 청원기 1년 동안 이곳에 적응할 수 있는가를 시험받으신단다. 베네딕도회의 전통답게 하루 여덟 번의 기도 시간을 갖고 나머지 시간에는 노동을 해야 하는 규율은 청원기에도 다른 수녀님들과 똑같이 적용된다. 그러고 나면 수련 수녀가 된다. 그 기간은 2년, 그리하여 기한을 정한 유기서원 기간이 3년, 이 총 6년의 기간이 끝나면 종신서원을 하게 되며 이때 머리에 쓴 흰 수건 위에 검은 베일을 쓸 수 있는 자격이 생기는 것이다. 아르장탕 수녀원은 다른 베네딕도 수도원과 마찬가지로 수도원의 모든 경비를 자급자족해야 한다.

늦가을인데도 꽃이 한창인 수녀원 안뜰

베네딕도회의 모토가 '기도하고 일하라'(Ora et labora)라는 것을 생각하면 짐작하기 쉬울 것이다.

　가톨릭이 원래 보수적이기로 유명하긴 하지만 이 베네딕도 성인은 그 당시로서는 거의 혁명가였다. (하기는 자기 시대에 비해 진보적이지 않은 위인은 없다.) 베네딕도 성인이 살던 시대는 로마제국이 기울 무렵이었고, 그는 당시 노예들이나 하던 노동을 스스로 하던 귀족 성인이었다.

훗날 그는 자신이 곧 죽을 것을 미리 알고 자신을 일으켜 세워 줄 것을 부탁했다는 일화도 남겼다. 하느님이 나를 영접하시는데 누워서 갈 수 없다며 두 손을 하늘로 쳐들고 숨을 거두었다는 이야기가, 뜰을 거닐다가 나뭇가지를 붙든 채 입적한 부처님의 제자 승가난제僧伽難提와 비슷한 것도 이채로웠다.

이 수도원에서는 수녀님들이 밥, 빨래, 청소는 물론 스스로 알아서 들 하고 수도자들 간의 대화는 5분 이상 할 수 없단다. 거의 완전한 대침묵의 생활이다. 하루에 미사와 여덟 번의 기도에 참석하면서 수녀님들은 우리가 흔히 보는 예수님이나 마리아상이 그려진 상본像本 카드를 만들고 레이스를 짜거나 미사에 쓰이는 밀떡을 만드는 일로 수도원 경비를 충당한다고 한다. 특히 레이스는 중세의 그 비법을 고스란히 전수해 손으로 일일이 짠다고 한다.

수도원을 대충 둘러본 뒤 배정받은 작은 방에 짐을 놓고 쉬고 있는데 기도 시간을 알리는 종소리가 울렸다. 카메라를 메고 성당으로 들어갔다. 천장이 돔 모양의 성당이었다. 나는 순간 중세 속으로 들어서는 착각이 들었다. 성당 안에는 촛불만 몇 개 타고 있을 뿐 아주 어두웠다. 내가 들어간 곳은 수녀님들이 아니라 마을 사람들이 오는 신자석이었다. 그런데 신자석과 수녀님들 사이에는 커다란 창살이 쳐 있었다. '봉쇄'라는 말이 처음으로 실감이 나면서 호기심이 부쩍 일었다. 어두운 침묵이 내리누르는 실내로 수녀님들이 들어서는 모습이 창살 너머로 희미하게 보였다. 차르륵 차르륵 옷자락이 스치는 소리만으로 그분들의 동작을 짐작해야 할 만큼 장내는 어두웠다.

잠시 후 그레고리오 성가로 기도가 시작되었다. 수녀님들이 부르는 그레고리오 성가는 정말로 아름다웠다. 서울에서 몇 번 그레고리오 성가를 들은 적은 있지만 이런 느낌은 아니었다. 작고 떨리는 듯하며 어찌 보면 약간 신들린 듯한 수녀님들의 고음은 돔형 천장에 부딪혀 신비한 효과를 자아내고 있었다. 25분 정도 걸리는 짧은 기도 시간 동안 나는 그 그레고리오 성가의 아름다움에 취해 버렸다. 엄숙하고 고요하고 단정한 분위기를 깰까 봐 들고 있던 카메라의 셔터를 누를 엄두도 나지 않았다. 다만 멀리서 보이는 창살 안의 수녀님들이 궁금했다. 창살 안에서 떨리는 듯한 고음으로 노래를 부르고 있는 수녀님들의 모습이 내게는 뭐랄까, 안쓰러운 느낌을 자아냈던 것이고, 비로소 그 창살을 통해 '내가 유럽 수도원이라는 곳에 첫발을 디뎠구나' 실감이 왔던 터라 말할 수 없이 심경이 복잡해졌다.

물질의 극치, 문명의 극치를 몇백 년 동안 누린 이 유럽 땅에서 스스로 창살 안으로 들어가 가난을 자초하는 저들의 내면은 과연 무엇이었을까. '속된 말로 그냥 사람이 싫고 세상이 싫어서'라고 해석해서는 안 될 무엇이 저들의 노랫소리 속에는 있었다. 그들은 모든 것을 알고 모든 것을 각오하고 저 안으로 들어가 스스로 갇힌 것이다. 망상이라도 좋고

환상이라도 좋고 자기 암시라고 해도 좋다. 그리고 그 모든 것의 가능성을 인정한다면, 거기에 하나를 덧붙여 인간에게 이미 깃들어 있는 신성神性에의 열망 때문이라고 해도 좋을 것이다. 그리고 그중 어느 것이 진실인지는 아무도 모른다.

처음 봉쇄수도원에 대한 이야기를 들었을 때 나는 생각했다. '어떻게 스스로 철창 안에 들어가서 살 수 있을까, 그것도 평생을 ⋯.' 그런데 생각해 보니, 그렇다면 봉쇄된 곳에서 사는 게 내 생각대로 그토록 못 견디는 일이라면 세계일주를 하는 사람이 제일 행복한 사람이 된단 말인가? 나는 알 수 없는 기도문과 그들이 부르는 고운 그레고리오 성가를 들으면서 '뭐 못 살 것도 없겠다' 생각했고, 그러면서 사실은 이런 생각을 하는 나 자신에게 놀라고 있었다. 왜냐하면 ⋯.

대학 2학년 땐가 주일학교 교사를 하면서 2박 3일 피정을 간 일이 있었다. 침묵해야 했고 하루 종일 성경 공부와 기도를 드리는 일정이었다. 이틀째 되던 날 밤, 나는 드디어 더는 견디지 못하고 사람들을 꼬드겨 피정의 집 담을 넘었다. 수녀원 밖 생맥줏집에서 실컷 떠들고 술을 마시니 살 것 같았다. 거기까지는 좋았는데 다시 담을 넘어 돌아오니 수녀님이 사감 선생님처럼 우리 앞에 서 계셨다. 그때 그 수녀님은 남자 교사들 틈에 끼어 있는 단 한 사람의 여자인 나를 '어떻게 여자가 ⋯'라는 표정으로 바라보셨다. 하지만 별로 부끄럽지 않았다. 나는 말하자면 B사감에게 반항하는 여학생 같은 쾌감까지 느끼고 있었고 '뭐 술 마시고 온다고

창살 너머로 희미하게 보이는 수녀님들의 모습. 그들은 모든 것을 각오하고 스스로 갇힌 것이다.

지하 성당의 예술품들

지하 성당의 피에타상. 예수님 몸의 못자국이 너무 선명해서 문득 섬뜩해지기도 했다.

죽을죄라도 짓는 것도 아니잖아요? 이 세상에 이보다 더 큰 죄를 가톨릭이 얼마나 눈감아 왔고 또 지금도 감고 있나요?' 반항하고 싶은 마음도 있었다. 그 이후로 피정이라면, 수도원이라면 자신이 없던 나였다.

아니, 그 이후로는 피정이나 수도원에 갈 일도 없었다. 내가 성당에 다시는 가지 않았기 때문이다. 그 마지막은 아마 명동이지 싶었다. 어느 날 시위 대열을 따라 명동에 갔다가 성당에 들어갔다. 전경과 학생이 쫓기고 쫓고 피 흘리고, 젊은이들끼리 서로 그래야 하는 게 마음이 아파 들어간 성당이었는데, 신부님께서 명동성당 신축기금 강론을 하고 계셨다. 피할 수 없는 돈 이야기였지만 내 마음은 더 이상 그런 신부님의 사정을 받아들일 만큼 여유가 없었다. 지금 밖에는 최루탄이 터지고 젊은 사람들의 피가 거리를 흐르는데, 돈 이야기가 가당하게 들리지 않았던 것이다. 미사 도중 성당을 나와 최루탄 가득한 거리로 나서면서 나는 생각했다. '더 이상 내 탓이오라고 말하지 않겠어 …. 분명히 알아야 해, 이건 우리 탓이 아니야 …. 이 최루탄을, 이 재를, 이 가난과 이 핍박을 우리 탓이라고 말하게 해서는 안 돼. 성직자들은 독재자들에게 가서 말해야 해, 그건 네 탓입니다라고.'

그 이후 나는 성당에 발걸음도 하지 않았다. 그리고 18년이 흘렀다. 그런데 오늘 이 유럽, 창살로 켜켜이 차단된 이곳에 스스로 찾아와서 '못할 것도 없겠다, 저기 들어가서 못 살 것도 없겠다' 나는 생각하는 것이다. 휴!

기도가 끝나고 수녀님들이 어둠 속에서 다시 옷자락 소리만 내며 일어서셨다. 이 신부님이 다가오더니 여기 계시는 한국 수녀님을 만나 보자고 하신다. 이곳에는 프랑스의 여느 수도원과는 달리 한국 수녀님이 두 분 계신다. 노 수녀님과 손 수녀님이다. 이분들이 성함이나 내력을 밝히는 것을 싫어하셨으므로 이름과 자세한 사항은 적지 않는다. 면회실로 들어가니 역시 창살이 쳐져 있다. 잠시 후 작은 몸매의 수녀님이 창살 저쪽으로 뚫린 문으로 들어오신다. 노 수녀님이다. 나보다 앳돼 보이는 얼굴인데 나이는 나보다 여덟 살쯤 많으시다. 이곳에 온 지 13년 되셨단다.

노 수녀님은 오랜 이국 생활로 모국어가 힘이 드신지 가끔 불어를 섞어 쓰셨고, 그때마다 이 신부님이 통역을 해 주셨다.

내 소개를 한 뒤 가지고 간 내 책을 선물로 드렸다. 노 수녀님은 한국의 여러 가지 상황을 나보다 잘 알고 계셨다. 신문을 보고 기도하고 계신다면서 걱정이 대단하시다. 몸만 가두었을 뿐 그분들은 세상의 고민을 언제나 마음속에 가지고 계시는 듯했다. "언제나 신문을 보고 기도하고, 또 고민을 가지고 찾아오는 이들을 위해 기도하느라 사실은 세상의 한복판에 있어요" 하시며 웃는다. 나보고 "무슨 기도든 부탁하세요" 말씀하시기에, "수녀님, 호주제 철폐를 위해서 꼭 기도해 주세요" 했더니 뜻밖이라는 듯 놀라셨다. 신앙 이야기는 안 하고 나는 노 수녀님에게 지금 한국에서 벌어지고 있는 호주제 철폐 운동과 호주제 때문에 피해를 입고 있는 엄마들과 아이들 그리고 자기 자식도 아닌 아이를 키워 주는 양아버지의 고통을 말씀드리고 나도 그 당사자라고 말씀드렸다. 수녀님은 잠시 생각에 잠기더니 어쨌든 이혼한 건 잘못한 거지만 아이들은 아무 잘못도 없으니 아이들을 위해 기도하시겠단다. 수녀님이 흔쾌히 동의를 안 해 주시니 잠시 막막해졌지만 '뭐 어쨌든 하느님이 알아서 들으시겠지' 생각하기로 했다.

약대를 졸업하고 한때 약국을 경영하기도 했던 노 수녀님은 지금은 수도원 내에서 병자를 돌보는 일을 한다고 하셨다. 이야기가 한창 무르익어 가는데 나에게는 영 창살이 거북했다. '그래도 면회실인데' 싶었는데 이건 내가 예전에 유치장에 갇혔을 때와 똑같았다. 다만 그때 나는 남이 억지로 들여보냈고 이분들은 스스로 들어갔다는 점만 다를 뿐, 하지만 그것이 나에게는 형벌이었고 수녀님에게는 구원의 길이었다.

아니 그것이 나에게 꼭 형벌이었을까. 스물네 살, 다른 사람들은 모두 훈방되고 나 혼자 남아 있던 유치장은 아주 추웠다. 열흘 남짓 갇혀 있으면서 가장 고통스러웠던 것은 커피를 못 마시는 것도, 목욕을 할 수 없는 것도, 보리밥에 허연 깍두기뿐인 식사도 아니었다. 그건 바로 철창이었다.

원래 나는 혼자 있는 걸 좋아했고 일부러 전화기를 내려놓고 며칠을 보내기도 잘하는 사람이었지만 막상 철창이 있는 곳에 들어가니 처음 가두어진 들짐승처럼 안절부절못했다. 나중에 본 영화 「부시맨」에서 가두어 놓으면 내일이 온다는 것을 모르는 원시인은 죽는다더니 내가 꼭 그 모양이었다. 하지만 나는 원시인들처럼 내일이 있다는 것을 모르는 것도 아니었고 무기징역을 언도받은 것도 아니었다. 아니 며칠이 지나고 나면 내가 그곳을 나가리라는 것도 알고 있었다. 나가기만 하면 따뜻한 잠자리가 있고 뜨거운 커피가 있는 집으로 돌아갈 수 있다는 것도 알고 있었다. 그러나 사실을 말하자면 나는 곧 죽을 것만 같았다. 나를 감시하던 전경에게 나직하게 읽을 것이라면 무엇이든 좀 가져다달라고 부탁을 했다. 그건 나로서는 '이 철창 안의 공간과 어떻게든 타협을 보자' 하는 어려운 시도였다. 그런데 한참 만에 돌아온 전경의 손에는 성경이 한 권 들려 있었다. 아주 두꺼운 성경이었다. 노동운동을 하다가 들어왔다고 하니, 무엇이든 내게 잘해 주고 싶어 하는 그 전경에게 나는 퉁명스레 물었다. "이것뿐인가요?" 내게 나쁜 책을 준 것도 아닌데 젊은 전경은 미안해했다. "책이라곤 이것뿐이에요."

　　인류 최고의 문학작품이자 최고의 베스트셀러인 성경을 옆에다 밀쳐놓고 나는 평생 처음으로 막막히 쭈그리고 앉아 있었다. 혹여라도 펼쳐 본 성경에서 '사랑 같은 걸' 하라고 할까 봐 겁이 났던 것이다. '사랑이라 ….' 그건 먹고사는 게 풍족한 인간들이 뭐 또 좋은 일 없을까 어슬렁거릴 때나 하는 일 같았다. 거리에서, 노동 현장에서, 여공들이 벌거벗겨진 채 온몸에 똥을 뒤집어쓰고, 노동자들이 제 몸에 불을 붙여 분신을 하고, 거리에서 친구들이 끌려가 고문당하는 시대에 사랑이라니 …, 그렇게 바보 같고 그렇게 물렁하고 그렇게 패배적인 종교라니 …. 전두환 정권에 반대하는 시위 대열에 있었다는 이유만으로 쇠몽둥이로 두들겨 패고, 머리채를 잡아 벽에 짓이기고, 버스에 끌려온 우리의 등을 군홧발로 밟고 다니던 그 구체적인 폭력을 감히, 사, 랑, 하라니 …. 지금 이 지경에 그런 속 터지는 소리를 하고서 너만 하느님 아들이고, 너만 성인이면 다야? 나는 옆자리에 팽개쳐 둔 성경을 집어 유치장 구석으로 던져 버렸다. 로마의 식민지, 고통받는 유대 민중에게 원수를 사랑하라고 말한 예수를 끝내 배반한 유다의 심정도 이해 못할 것도 없었다.

  영원히 끝날 것 같지 않던 독재의 시대, 사실 감옥에 갇힐 일이야 많았다. 어쩌면 다른 선배들처럼 고문 끝에 미치거나 죽어 갈 수도 있다는 상상을 해 보지 않은 것도 아니었다. 그렇지만 그 모든 걸 각오한다고 생각하자, 미치거나 죽기 전에 꼭 해 보고 싶은 일이 있었다. 그건 글을 쓰는 일이었다. 다시 갇힌다 해도, 어쩌면 죽어 버린다 해도, 내가 쓰고 싶은 글을 쓰고 죽고 싶었다. 그때 처음으로 나는 알았다. 내가 글을 쓰고 싶어 한다는 것을, 그것도 열렬하게 원한다는 것을 …. 그리고 집안에서 알음알음으로 나를 빼낸 후 나는 정말 부모님의 은혜에 답하기라도 하는 착한 딸처럼 노동운동을 빠져나왔고, 그리고 창살 없는 아파트 문을 굳게 잠그고 전화코드를 빼 버린 후 글을 써 댔다. 소설가가 된 것이다. 그 후로도 오랫동안 나는 가끔 생각하곤 했다. 갇히지 않았더라면, 아무도 없는 유치장에서 읽을거리 하나 없이 오도카니 앉아, 열흘 만에 살이

7킬로그램이나 빠지도록 스스로와 마주했던 그 시간이 없었더라면 나는 소설가가 될 수 있었을까 …. 그러니 그때 그 철창은 내게 형벌이었을까, 축복이었을까.

"창살이 말이에요, 자꾸 눈앞에 있네요."
말이 잠깐 끊겼을 때 내가 묻자, 노 수녀님은 '아아, 그래 거기 창살이 있었구나' 하는 표정으로 웃으셨다.
"원래는 이중 창살이 있었는데 제2차 바티칸공의회 이후 창살 하나는 그나마 없앤 거래요."
"그렇다면 이 창살 없어지는 데 다시 천 년쯤 걸릴까요?"
내가 묻자 수녀님은 "그렇겠네요" 하며 웃으신다.
"수녀님은 집 생각은 안 나세요?"
내가 묻자 충북이 고향이시라는 수녀님 얼굴에 잠깐 망설임이 일었다.
"왜 안 나겠어요. 처음 왔을 때 침소 밖 복도에 달빛이 환하면 … 그땐 정말 미치겠더라고요. 우리 고향집 마당에 달빛 가득 비치는 거 생각나서 미칠 것 같았어요 …. 지금은 안 그래요."
나는 문득 '이제 죽을 때까지 그대는 다시는 고향에 못 가는구나' 하는 걸 실감했다. 왠지 내 가슴이 철렁했다. 어떤 사람에게도 이런 느낌을 가져 본 적은 없었다. 장기수를 면회할 때에도 '우리가 밖에서 열심히 싸

위 주면 곧 고향에 가실 수 있겠지 설마' 싶었고, 북에 고향을 두고 온 분에게도 곧 갈 수 있을 거라고 위로를 했었다. 그런데 이분은 스스로 고향을 떠나왔고 스스로 다시는 그곳에 가지 못하는 길을 택했다. 그러자 할 말이 없어졌다. 그런데 수녀님은 아까 문지기 수녀님처럼 기쁜 얼굴이다. '사실은 내가 요번에 거대한 유산을 받게 됐어요, 방금 그 소식을 듣고 오는 길이에요', 뭐 이러신대도 별 이상하지 않은 표정 …. 스스로를 저렇게 가두고 음산한 수도원에서 평생 다른 나라 말을 쓰고 살면서 달빛 환한 고향 마당에도 이제 다시는 못 갈 텐데도 '저런 표정을 짓는 저 사람들은 정녕 제정신인가'라고는 나는 생각할 수 없었다. 말하자면 이제 나는 그분들을 이해할 수 있는 심정이 되어 버린 것이다.

"예전보다 가톨릭 신자 수도 줄었고, 수녀원 입회 지원자도 적어요. 하지만 우리는 그것이 꼭 나쁘다고 생각하지는 않아요. 유럽 인구의 99.9퍼센트가 신자였을 때 과연 거기서 몇 퍼센트가 진심이었을까요. 그러나 이제 여기 오는 사람들은 진심이라는 것을 의심받지는 않아요. 몇백 명을 수용하게 지어진 이 수도원에 지금은 47명이 사는데, 그 나머지 수도원의 빈자리는 이제 복음으로 채워지는 거지요."

원래 노 수녀님 댁은 가톨릭 집안이 아니었다. 아마도 서울에서 수녀원에 들어가려던 시도는 그래서 실패한 모양이었다. 그래서 이곳까지 왔다고 했다. 오직 수녀원에 들어가기 위해, 집안의 반대를 피해 수녀원에 들어가기 위해 먼 이국땅에 와서 불어를 배우고 이 낯선 땅의 창살 속

왼쪽 수녀님들의 방. 1인 1실, 그리고 5분 이상 다른 수녀님과 대화를 할 수 없는 대침묵이 요구된다.

에 스스로를 가둔 것이다.

"우리는 가둠으로써 제일 큰 것을 얻은 거예요. 세상의 작은 것들을 버리고 제일 큰 것을 얻었으니 더 바랄 게 없지요. 처음 프랑스에 와서 이 수도원 저 수도원을 다녀보다가 이곳에 오게 됐어요. 제가 소개를 받아 이곳에 도착하기 전날 한 수녀님이 돌아가셨는가 봐요. 장례미사를 드리는 데 참석했다가 돌아가신 그분의 얼굴을 뵙게 되었죠. 관 속에 들어가 계신 그 늙은 수녀님의 얼굴이 얼마나 아름답던지, 바로 원장 수녀님께 면회를 신청했어요. 그러고는 말씀드렸죠. '제발 여기서 죽게 해 주세요.' 그때 원장 수녀님이 웃으며 말씀하셨어요. '그래요, 좋아요. 하지만 지금 당장 죽는 건 안 돼요.'"

우리는 한참을 웃었다. 원장 수녀님이 어떤 분이신지 '여기서 죽는 건 좋지만 지금 당장 죽으면 안 돼요' 그런 유머를 구사하는 원장 수녀님이 궁금해졌다. 그런데 바로 그 순간, 잘 짜인 연극의 다음 장면처럼 누군가 문을 밀고 들어섰다. 바로 원장 수녀님이셨다. 커다란 체구가 천천히 걸어오셨다. 그런데 그분의 얼굴은 내가 영화 속에서 보던 그런 멋진 원장 수녀님의 얼굴은 아니었다. 그러니까 「사운드 오브 뮤직」이나 이런 영화에서 멋진 유머를 구사하는 그런 얼굴이 아니었던 것이다.

사족을 달아 내가 좋아하는 수녀님의 상은 어떤 것인가 설명을 하자면, 지금은 이름도 알 수 없는 영화의 한 장면에서 본 그런 모습이겠는데, 그 영화는 이런 것이었다. 나치 장교가 수녀님을 끌고 가 레지스탕스 운동가를 숨겨 준 적이 있느냐고 물었다. 늙은 수녀님은 모른다고 했다. 그 순간 나치 장교는 수녀님의 뺨을 세게 때렸다. 그 서슬에 수녀님은 앉아 있던 의자에서 뒤로 벌렁 넘어졌다. 아픈 뺨을 붙들고 다시 일어나면서 수녀님이 말했다. "예수님이 왼쪽 뺨을 때리면 오른쪽 뺨도 내밀라고 하셨지요." 나는 속으로 외쳤다. '안 돼요. 수녀님, 그런 놈한테 그런 구절은 소용이 없다고요!' 악독하게 생긴 나치 장교가 이를 악물면서 다시 뺨을 갈기려고 하는 순간, 수녀님은 나치 장교의 사타구니를 걷어찼다. 그것도 한 번이 아니라 세 번쯤, 아주 아프게! 나는 마음을 졸이며 보고 있다가 수녀님이 너무 과격하게 나와서 얼떨떨해하고 있는데 수녀님은 "예수님은 너같이 악독한 놈을 한 번도 못 보셔서 그런 말씀을 하신 게 틀림없어"라고 단호히 말했다.

    내가 좋아하는 수녀님은 이런 수녀님인 것이다. 그런데 문을 밀고 들어오신 원장 수녀님의 얼굴은 몹시 아름다우셨다. 순간 '내가 속물들처럼 예쁜 여자는 유머도 용기도 지혜도 없을 거라는 생각에 물들어 있구나' 하는 생각이 들었다. 원장 수녀님은 일흔이 훨씬 넘어 무릎이 불편하시다고 했고 실제로 약간 구부정했지만, 그러나 그분의 얼굴은 어제 피어난 백장미처럼 희고 아름다웠다. 나는 그분의 모습에 취해 버렸다. 그 나이까지 이런 미모를 간직할 수 있는 비결을 이곳 중세의 전통을 간직한 수도원에 와서 발견할 거라고는 상상도 못했다. 원장 수녀님의 나이가 일흔이 넘으셨으니 그분이 스물다섯 살에 여기 오셨다 해도 그때는 제2차 세계대전 직후였을 것이다. 그렇다면 그분은 전쟁 직후의 프랑스만 보고 아직껏 아무것도 보지 못하셨단 말인가. 그분이 본 프랑스와 내가 본 프랑스는 완전히 다른 곳일지도 모른다. 그러자 이 봉쇄수도원이라는 곳의 어마어마한 의미가 비로소 실감되었다.

나는 서울에서 준비해 간 한과를 쇠창살 틈으로 전해 드렸다. 순전히 예전에 엄마가 절에 가실 때 "노스님들이 단것을 참 좋아하시더라" 하신 말에서 힌트를 얻은 것인데, 원장 수녀님은 자기가 과자를 참 좋아한다며 어린아이처럼 웃으셨다. 그러고는 "마리아라고 했죠?" 하며 내 얼굴을 빤히 바라보신다. 나는 괜히 주눅이 들어 고개를 좀 숙이고 겸연쩍게 웃었다. 왠지 내 모습을 들켜 버릴 듯 두려웠던 것이다. 내가 지은 죄들, 오래도록 길러 왔고 아직 버리지 못한 어리석음의 때가 내 얼굴에 덕지덕지 묻어 있는 것만 같아서였다.

짧은 면회 시간이 끝나고 저녁 식사를 하러 갔다. 저녁 식사 메뉴는 채소 수프와 호박죽, 달걀 완숙과 빵 그리고 치즈였고, 이번에도 붉은 포도주와 커피 그리고 디저트로는 과일 케이크가 나왔다. 유럽에 여행 와서 제법 비싼 음식도 먹어 봤지만 이렇게 맛있는 식단은 처음이다. 채소 수프는 대체 어떻게 끓였기에 늦가을의 시래깃국 맛이 나는지 …. 하기는 한국으로 여행 와서 아무리 맛있는 음식을 먹어 본들 깊은 산사에서 먹는 음식하고 어떻게 비교될까.

저녁 식사 후 다시 종이 울렸다. 나는 기도에 참석하기 위해 성당으로 갔다. '바쁘다 바빠' 하는 생각이 절로 들었다. 그런데 수녀님들은 이렇게 바쁜 와중에 또 노동까지 하신단다.

기도가 끝나고 이 신부님이 오시더니, 원장 수녀님이 특별히 모든 수녀님을 모으셨다고 말씀하셨다. 이 신부님은 이건 참 특별한 일이라고, 이분들은 숨어 기도하시는 일이 목적이기 때문에 이렇게 모든 얼굴을 보여 주시는 건 참으로 이례적인 일이라고 덧붙이셨다. 설레는 마음으로 회합실에 들어가니, 그곳에도 역시 창살이 쳐져 있다. 창살 저쪽에 수녀님들이, 그리고 창살 이쪽에 나와 이영길 신부님이 있었다. 수녀님들은 동양에서 온 작가의 얼굴이 신기해서 눈을 떼지 않으신다. 바라보는 얼굴이 꼭 어린아이들의 눈빛 같아서 부끄러워 죽겠는데, 여기저기서 질문이 터진다. '여기는 왜 왔느냐, 결혼은 했느냐, 아이는 몇이냐' 겨우 대답을 하면 이영길 신부님이 통역을 해 주시고 그 사이 슬쩍 곁눈질을 해 보니, 수녀님들의 얼굴이 보인다. 역시나 대개는 나이가 많으시다. 중세의 음울한 영화에 나올 법한 얼굴도 있고, 또 아까 내가 본 대로 좋아 죽겠는 얼굴의 수녀님도 많이 보인다. 나는 그들의 얼굴이 모두 일률적이지 않은 데 내심 안심했다. 너무 일률적으로 좋아 죽겠는 얼굴이면 좀 의심이 갈 수도 있었을 것이다. 나보고 질문을 하라기에 내가 물었다.

"부부도 말이에요, 좋아 죽겠다고 만나서 살면서 미워 죽겠는 때가 있는데, 그래도 남자들이나 여자들이나 부부는 회사도 가고 시장도 가고 좀 떨어져 있는데 여기 계시는 수녀님들은 그러니까 하느님 한 분만 보고 와서 우연히 만나신 거 아니에요? 게다가 어디도 못 가고 맨날 한 집에 사시잖아요. 그런데 개성이 다르고 나이가 다른 수녀님들이 어떻게 이렇게 잘들 모여 사세요? 비결이라도 있나요?"

이영길 신부님이 내 질문을 통역하신다. 그런데 통역이 끝나자마자 합창 같은 대답이 들린다.

"세 텅 미라클c'est un miracle."

합창하듯 대답해 놓고 수녀님들은 여학생들처럼 모두 까르르 웃으신다. 이 신부님이 나를 보고 웃으며 말씀하신다.

"그걸 보고 바로 기적이라고 말한대요!"

새벽 네 시에 잠에서 깨어 덜덜 떨었다. 네 시에 깬 것이 아니라 거의 잠을 이루지 못했다. 어제 그 할머니들은 다 어디로 가셨나 어쩌면 그렇게 고요한지, 게다가 내 숙소는 꼬불꼬불한 계단을 여러 개 올라간 2층이었는데 오래된 나무 바닥 소리가 삐거덕삐거덕 울렸다. 담요를 뒤집어쓰고 자다가 복도 쪽에서 삐거덕 소리가 들리면 가만있자, 여기 대체 사람이 있는 거야 없는 거야 싶고, 이 오래된 건물에 혹시 서양 유령

어린아이의 눈빛을 가진 아르장탕의 수녀님들

이라도 돌아다니는 거 아냐 싶어 나는 밤새 묵주를 붙들고서 '하느님, 수도원까지 와서 귀신이 있나 의심하는 저의 불신앙을 용서해 주십시오. 그리고 유령이 혹시 있거든 제 눈에는 절대 보이지 않게 해 주세요' 기도하며 자다 깨다 했던 것이다. 그렇게 뒤척이다가 네 시가 됐기에 일어나 앉았던 것인데 앞 건물의 수녀님들 숙소에는 아무 기척도 없다. 희미한 미명에 수도원의 지붕 선만 뚜렷하고 불빛만 홀로 밝았다. 기도 시간이 되었을 텐데 성당으로 가 볼까, 아래층으로 내려가 보니 더 큰 어둠과 고요뿐이다. 무서워서 도로 올라와 담요를 뒤집어쓰고 아침이 되기를 기다렸다. 수첩을 꺼내 어제 일과 오늘 새벽까지의 일을 대충 메모하고 앉아 있는데도 아무 소리도 들리지 않는다. 집에서 마시던 커피 생각이 간절해졌다. 어제 여기서 '수도원에 들어와 못 살 것도 없겠다'라고 했던 생각은 '아니야, 나는 역시 못하겠다'로 굳어져 간다. '커피도 마시고 싶고 담배도 피우고 싶고, 추운 건 정말 싫다' 싶다. 생각이 추운 것에 미치자 갑자기 아이를 보아 주는 김혜숙 선배 생각이 났다. 내가 유럽 여행을 준비하면서 두꺼운 스웨터를 잔뜩 넣으니 그녀가 말했다.

"요즘이 어떤 세상인데 수도원이 춥겠어, 그래 가지고 요즘 젊은 사람들이 수도원에 들어가겠어?"

그것도 일리가 있겠다 싶어 대충 입고 왔는데 이런 낭패를 보게 된 것이다. 나중에 서울로 돌아가면 그녀에게 말해야겠다는 생각이 들었다.

"요즘 세상에 수도원이 춥더라고, 그래도 젊은이들이 오더란 말야."

전혀 경건하지 않은 생각만으로 가득 찬 새벽을 보내고 다시 기도하러 갔다. 덜덜 떨며 성당 안으로 들어가니 여전히 어둠, 이영길 신부님이 저만치서 기도하고 계셨다. 잠시 마음을 진정시키고 뒷자리에 앉아 있었다. 수녀님들은 특별한 축일이나 누군가가 돌아가신 장례식 날에야 커피와 과자를 한 번 드신다고 했다. 그런 새벽인데도 수녀님들이 부르는 그레고리오 성가는 밤새 더욱 맑아지고 성당의 돔 천장은 몇백 년째 그것을 들으면서 이제는 메아리로 반주를 넣는 것만 같다. 나는 마음속으로 저 철창 속, 수녀님들 틈에 나 자신을 넣어 보았다, 빼 보았다 했다. 언젠가 고등학교 시절이던가, 신부님이 수녀가 되지 않겠느냐고 물으셨을 때 대답한 일이 있었다. "저는 제복이 싫어요." 나는 제복이 싫었고, 지켜야 할 규율이 나로 말미암지 않고 남의 마음대로 정해진 게 싫었고, 복종해야 하는 게 싫었다. 나는 내 마음대로 살고 싶었고, 바람처럼 내가 가고 싶은 곳에 가서 내가 머무르고 싶은 만큼 머무르며 가벼이 떠돌고 싶었다. 그리고 나는 실컷 그렇게 살았다고 생각했다. 아무도 나를 길들일 수 없을 거라고 확신도 하고 있었다. 그런데 나는 오늘 여기에 와서 저 철창 속에 들어가 있는 내 모습을 그려 보고 있는 것이다. 아무도 그러라고 말해 준 이는 물론 없었다.

기도를 마치고 식당으로 가니 모리스 섬에서 오신 아니 라타피 할머니가 나를 반긴다. 커피가 너무 먹고 싶어 혹시나 하고 영어로 "커피

있어요?" 하고 물으니 라타피 할머니 입에서 유창한 영어가 술술 나온다. '영어 할 줄 알면서 왜 이제야 영어로 말하느냐' 하는 표정이다. 라타피 할머니는 내게 커피를 날라 주고 "추웠느냐, 잘 잤느냐, 애는 몇이냐" 정신을 못 차릴 정도로 질문을 하신다. 어쨌든 커피도 마셨고 추위도 좀 가시고 프랑스 땅에서 영어를 할 줄 아는 사람도 만났으니 '봉주르'인 것은 틀림이 없었다. 라타피 할머니는 내게 빵과 잼과 우유를 내주며 이게 다 홈메이드란다, 요즘 유럽 여행하면서 이렇게 맛있는 건 먹기 힘들다고. 먹어 보니 정말 그렇다. 이게 다 수도원에서 자체 생산하는 건데 자신의 딸이 요리 담당이라고 했다. 그래서 자신은 여기 와서 이런 음식을 먹을 때마다 딸 생각이 더 난다는 것이다.

나는 아니 라타피 할머니에게 딸에 대해 물었다.

"우리 딸은 얼굴도 예쁘고 남자 친구도 많았어요. 공부도 잘했죠. 그런데 대학 들어가고 어느 날 프랑스로 여행을 다녀와서는 수녀원, 그것도 이곳 아르장탕 수녀원에 가겠다는 거예요. 이곳에 온 순간 여기가 자신이 살 곳이라는 걸 느꼈다고 …. 글쎄요, 만일 딸이 아니었다면 나는 그냥 그저 그런 나이롱 신자로 살았을 거예요. 진짜 하느님은 만날 수 없었을 거예요. 그런데 우리 딸이 여기 들어오더니 미친 듯이 행복해하는 거예요. 그러니 하느님이 계신 게 틀림없다는 걸 나는 알았지요."

빵에다 홈메이드 살구 잼을 바르며 아니 라타피 할머니는 씩씩한 영어로 내게 말했다. 그녀가 한 말, '테러블리 해피'라는 단어가 가슴에 와

아르장탕 수녀원에 딸을 보낸 라타피 할머니. "만일 딸이 아니었다면 나는 그냥 그저 그런 나이롱 신자로 살았을 거야."

닿았다. 그래, 내가 이곳에 도착하자마자 수녀님들을 보고 느낀 의아한 감정이 바로 그 단어였다. '테러블리 해피', 이 뉘앙스가 떠오르지 않아, 내가 '좋아 죽겠는 표정'이니 '복권 당첨'이니 하는 단어를 써서 수녀님들의 인상을 말해야 했던 것이다. 테러블리 해피, 참으로 마음에 드는 사위에게 딸을 시집 보낸 친정 엄마처럼 아니 라타피 할머니도 그래 보였다.

18년 만의 영성체

그날은 일요일이었다. 주일미사가 있는 날이다. 차를 타고 아르장탕으로 가면서 이영길 신부님께 고백했지만 오늘 나는 18년 만에 성체를 모신다. 미사 중에 밀떡을 받아먹는 일 말이다. 앞서도 이야기했지만 1년 전 겨울 하느님 앞에 다시 무릎 꿇은 후, 나는 영성체를 하지 못했다. 고해성사를 계속 미뤄 왔기 때문이다. 18년 동안 지은 죄가 하도 많아서이기도 했고, 내게는 내 감정이 특별했으므로 특별한 고해 성사를 하고도 싶었다. 처음에는 내 죄가 이렇게 많은데 어떻게 부끄러워서 다 고백을 하나 싶어서 못했고, 그다음에는 미사 시간 전에 줄을 서서 기다리다가, '이랬어요, 저랬어요' 하는 거 말고 정말 내 죄를 세세하고 진솔하게 고백하고 싶어졌다. 그러나 기회는 생각처럼 오지 않았다. 몇 번 특별고해를 신청할까 하고 사제관에 전화를 드렸지만 신부님들은 너무 바쁘셨다. 하느님 만나기보다 신부님 만나기가 더 힘든 것 같았다.

그렇게 또 시간이 흘렀다. 그러다 보니 이제 신부님들이 바쁘시지 않다 해도, 겸연쩍은 기분에 뭐라고 내 사정을 이야기할 수가 없게 되어 버린 것이다. 다시 성당에 나가 미사에 참석하면서도 나는 고해성사를 보기 위해 미사 전에 죽 늘어선 그 줄에 끼지 못했다. 처음엔 '하느님이 다 용서해 주셨는데 뭘' 하는 생각이었고, 그러다 보니 만일 신부님이 나를 붙들고 고해성사를 하라고 한다 해도 이젠 맨숭맨숭해져 버릴 것 같았다. 그렇게 죄를 고백하는 형식적인 짓은 하고 싶지 않았.

그러던 어느 날, 아빌라의 성 데레사에 관한 책을 재미있게 읽고 있을 무렵이었다. 나는 단박에 아빌라의 성 데레사가 좋아졌다. 나는 성녀라면 다 착하고, 말도 없고, 내면 지향적이어서 나와는 영 번지수가 틀린 사람이라고 생각하고 있었는데 그분은 그렇지 않았다. 권위적인 교황청의 관리들과는 싸우기도 잘하고, 가난하고 방황하는 사람들을 위해 쉬지 않고 일하는 열정도 있었고, 그리고 하느님 앞에서 누구보다 솔직했던 것이다. 이런 일화도 있었다. 마차를 타고 가다가 마차가 뒤집어져 진창에 빠졌단다. 다행히 아무도 다치지 않았는데, 뒤집어진 마차 속에서 데레사 성녀가 빠져나오면서 하늘을 향해 삿대질을 했단다. "어떻게 이러실 수가 있어요!" 하고.

그날 미사를 갔는데 한 20분 일찍 도착한 데다가 그냥 '고해성사를 할까' 하는 생각이 이상하게도 순순히 들었다. 가 보니 고해성사 줄도 길지 않았다. 나는 그 줄에 서서 문구를 생각해 두었다. '고백한 지 18년 만입니다. 무슨 무슨 죄를 지었습니다.' 선언문이라도 발표할 것처럼 연습을 하면서 또 한편으로는 제발 우리 성당의 나이 드신 신부님하고 젊은 신부님 중에 나이 드신 신부님이 고해소에 앉아 계시길 바랐다. 왜냐하면 젊은 신부님은 너무 젊으셔서 한마디로, '알기는 뭘 알까?' 이런 오만한 생각이 들었던 거다. 그러면서 또 한편으로는 '이거 이미 너무 맨숭맨숭해져서 어떻게 하지' 하는 걱정에 사로잡혀 있는데 내 차례가 되었다. 마치 번지점프를 하러 가는 기분으로 문을 열고 들어갔더니 젊은 신부님이 앉아 계셨다. '하는 수 없지, 그래도 신부님인데' 싶어 무릎을 꿇고 앉아 "저의 죄를 고백합니다, 고백한 지 18년 만입니다" 하는데 맙소사, 눈물이 터져 나왔다. 그것도 뜨겁고 힘차게 펑펑 나오는 것이다. 그 고해소에 무슨 이상한 요술 스프레이를 뿌려 놓은 것처럼 나는 어느덧 작년 겨울 18년 만에 혼자 성당에 찾아가 하느님 앞에 엎드려 "하느님, 저 왔어요. 항복해요. 내 인생에 대해 항복합니다. 내 인생은 내 것이 아닌가 봐요. 어떻게 이렇게 내 마음대로 되지 않을 수가 있어요? 그러니 항복합니다" 엉엉 울던 그때의 심정으로 고스란히 되돌아가고 있었다. 아까

저 밖에서 문을 열고 들어와 앉기까지 1분, 길어야 2~3분일 뿐이었다. 내가 설사 아무리 감정의 기복이 심한 사람이라고 친들, '이럴 수가 있을까' 하는 생각이 울면서도 들었다. 너무 울어서 고해가 진행이 안 될 정도였다. 눈물 콧물이 범벅이 되었는데 오랜만에 고해소에 들어와 보니 크리넥스 통이 있는 것 아닌가. '아니, 그럼 18년 만에 회개하는 나 말고도 사람들이 고해소에 들어와 진짜 우는 모양이지.' 18년 전에도 크리넥스 통이 있었던가 없었던가. 내가 하도 우니까 신부님이 보기가 딱하신지 "우선 거기 화장지로 눈물을 좀 닦으십시오" 하셨다. 눈물을 닦고 코를 팽팽 풀면서 또 한편으로는 회개와는 전혀 상관도 없는 이런 생각들을 하면서 입으로 겨우 말을 이어 나갔다. 젊은 신부님은 말씀하셨다.

"참 어려운 길 오셨습니다. 18년 만이라고 하셨지요. 축하드립니다. 여기까지 오는 발걸음으로 이미 당신은 죄 사함을 받았는지도 모릅니다. 왜냐하면 18년 동안 걸어온 길이 멀고도 고단한 길이었음이 틀림없을 것이기 때문입니다."

젊은 신세대 신부님의 목소리는 낮았고, 진심으로 들렸다. 문학적으로 볼 때도 손색이 없는 말씀이었다. 나는 신부님의 그 자상한 말투 때문에 다시 울었다. 울면서 '어, 저 젊은 신부님, 신세대처럼 발랄한 줄만 알았는데 제법이네. 그런데 정말 알고나 하는 소릴까' 하는 생각이 들었다. 그래도 눈물은 흘러내리고, 나는 미사 세 대를 바치라는 보속을 받고 고해소를 나왔다. 눈물이 계속 흘러내릴 것 같아서 걱정이었다. 그런데 고해소를 나오자 이상하게 다시 맨숭맨숭해지면서 진정이 되는 것이다. 미사 참례를 하는데 그날이 마침 아빌라의 데레사 축일이란다. 아빌라의 데레사 축일이라면, 내가 하필 오늘 고해를 한 게 우연일까, 아니면 내가 그분을 좋아하게 되었다는 걸 아시고 성녀가 하늘에서 나를 위해 기도를 해 주신 것일까? 그런데 왜 나는 지금 언제 울었냐는 듯 이렇게 맨숭맨숭하지? 아까 그 고해소 안에 누군가 분명 이상한 성분의 스프레이를 뿌려 놓은 게 틀림없지 않을까? 내가 처음 하느님 앞에 가서 엎드릴 때의 그 기분으로 바로 돌아가도록, 그러니까 시간과 시간 사이가 종이처럼 딱 접혀서 흘러간 시간이 무색해져 버리게 만드는, 냄새도 없고 색깔도 없는 스프레이. 그건 누가 뿌려 놓았을까 …. 나는 입으로는 '내 탓이오, 내 탓이오' 하고 미사통상문을 따라 하면서 속으로는 그런 생각을 하고 있었다.

그것이 유럽으로 떠나기 한 달 전쯤이었다. 보속으로 받은 미사를 세 대 바치느라 한 달이 지나자 또 그런 생각이 들었다. 그 보속을 따라 하고 나면 내가 맞는 첫 주일은 바로 이곳에서 맞는 주일이 되는 것이었다. 말을 하다 보니 내가 무슨 '할렐루야 아줌마'라도 되어서 '주님의 섭리가 내게만 이루어진다'라고 쓰고 있는 기분도 든다. 그런데 사실은 그냥 일이 그렇게 되었다. 내가 귀에 걸고 코에 걸어서 그랬든, 진짜 하느님이 그렇게 예비하셨든 일정이 그리 맞춰진 것은 사실이니까. 나는 미사를 드리며 영성체를 기다렸다. 이영길 신부님께서 내게 다가오셨다. 손으로 밀떡을 받고 "아멘" 해야 하는데 입술이 떨어지지 않았다. 이영길 신부님이 나를 바라보시더니 '다 안다'는 듯 대신 "아멘" 해 주신다. 나는 영성체를 하고 무릎을 꿇었다.

　나는 '왜 여기 무릎을 꿇고 앉아 있을까' 하는 생각이 들었다. 내가 이렇게 낯선 나라, 낯선 고장, 어두운 수도원에 와서 영성체를 하고 무릎을 꿇게 될 줄 1년 전의 나는 상상도 못한 일이었다. 아니, 서른여덟 살의 내가 지금 이 삶을 살고 있을 거라고는 스무 살 시절의 나라면 상상도 하지 못했다. 그러니 대체 나는, 생각이 그렇게 많은 사람이라고 스스로 자부하던 나는 대체 무슨 생각을 하면서 살고 있었던 것일까.

　미사가 끝나고 원장 수녀님께서 다시 나를 부르신다는 전갈이 왔다. 면회실로 들어가니 노 수녀님과 어제 못 뵌 손 수녀님이 먼저 와 계셨다. 프랑스 유학 중에 이곳에 와서 수녀님이 되셨다는 분이다. 잘 잤느냐는 말에 추워서 잘 못 잤다고 대답했다. 나와 동갑인 손 수녀님은 "저도 온 첫해 겨울에 추워서 잠을 못 잤는데 이젠 좀 괜찮네요" 하신다. 언뜻 보니 손등이 터질 듯 빨갛다. 설거지 담당이시란다. "제가 자원해서 하는 일이에요" 담담히 말씀하셨다. 처음 뵙는 나와 동갑인 손 수녀님의 빨간 손등이 떠나야 하는 내 눈에 자꾸 밟혔다.

　앉아서 이 이야기 저 이야기 하고 있는데 원장 수녀님께서 들어오셨다. 내게 줄 선물이라며 아기 예수님을 안고 있는 성모님 그림이 든 액자를 주셨다. 책이 나오면 꼭 보내 달라며 이 기행을 위해 기도해 주시겠다고 하셨다. "메르시, 마 메르" 하고 연습해 두었던 불어로 대답했다. 그러자 원장 수녀님이 웃으신다. 어제보다 더 예뻐지신 것 같다. 원장 수녀님이 나가시고 잠시 앉아 있는데 노 수녀님이 작은 꾸러미를 건네셨다. 받아 보니 작은 버들잎을 포장지에 예쁘게 싸셨다. 아마도 어제 나를 만나고 오늘 내가 떠난다니 수도원 뜰에서 꺾으셨나 보다. 가진 게 없어서 뒤뜰의 버들잎을 꺾어 리본을 묶은 가난한 그 마음이 내게 고스란히 전해졌다.

어떻게 말을 해야 하나 막막해하고 있는데 종이 울렸다. 기도 시간이니 수녀님들은 또 성당으로 가셔야 한다. 이제 작별의 시간, "안녕히 계세요, 또 봐요" 해야 하는데 '다시 볼 수 있을까' 하는 생각이 들었다. 노 수녀님이 철창 사이로 손을 뻗어 나를 포옹해 주셨는데 눈물이 나왔다. 텔레비전 프로에서 오지 탐험을 갔던 사람들이 작별할 때 울길래 '뭐 울 것까지야' 생각했는데 나는 더한 것 같다. 쓰다 보니 눈물을 흘렸다는 말을 자주 쓰고 있다. 하지만 어떻게 하나, 앞으로 이 기행에서 눈물은 계속 나올 텐데…. 노 수녀님 눈에도 눈물이 그렁그렁 맺힌다.

"수녀님들, 어디 가지 마시고 여기 꼭 계세요. 제가 다시 올게요."

철창 저쪽의 수녀님들은 서운한 표정을 짓고 있다가 금세 까르르 웃으신다. 이 신부님과 돌아서 나오면서도 마음이 내내 울적했다. 이 인연은 무슨 인연일까, 이 짧은, 어쩌면 덧없을 이 지상에서의 인연은.

아르장탕을 떠나는데 고속도로변에서는 작은 나무 이파리들이 바람에 흩날리고 있다. 벚꽃보다 아름답게 떨어져 내린다. 그러나 내게는 아름다운 풍경들이 더 이상 눈에 들어오지 않았다. 아르장탕, 첫 방문지에서 내게 웃어 주고 친절을 베풀어 주던 사람들의 얼굴이 떠올랐다. 내가 이 책을 잘 쓴들, 설사 잘 쓰고 잘 팔려서 이 책으로 최고의 영예를 누린들, 이제 철창 안에 스스로를 가둔 그분들에게 과자 한 봉지 돌아가지 못할지도 모른다. 그분들도 그걸 안다. 그런데 그분들은 멀리서 찾아온 여동생처럼 나를 지극한 마음으로 대해 주셨다. 왜냐하면 ….

왜 그랬는지 나는 아직 모른다. 다만 나는 생각했다. 천국이 있다면 혹 이런 느낌은 아닐까. 짧은 인연, 상대방이 잘된들 내게는 아무런 보상이 없는 인연에도 지극히 마음을 쏟아 주는, 그래도 당신들에게는 아무런 보탬도 뺄 것도 없어서 결국은 보탬이 되고야 마는 그런.

아르장탕을 떠나는 길목의 고속도로변. 작은 나무 이파리들이 바람에 흩날리는 아름다운 풍경보다는 내게 웃어 주고 친절을 베풀어 주던 사람들의 얼굴이 먼저 떠올랐다.

생 피에르 드 솔렘 수도원

프랑스

모순의 극한에 조화가 있다

진실로 이타적이기 위해서는 진실로 이기적이어야 할 뿐이다. …
스님들이 성性을 보기見 위해 스스로를 산속에 고립시켜 홀로 비정해지듯
여기 수사님들도 하느님을 만나기 위해 스스로를 비정하게 철창 안에 묶어 두는지도 모른다.
그리고 그 둘은 어쩌면 같은 길일 것이다.

생 피에르 드 솔렘 수도원
- 그레고리오 성가의 본산

맑았던 날씨가 흐려지는가 싶더니 금세 비가 뿌리기 시작했다. 생 피에르 드 솔렘 수도원Abbaye Saint Pierre de Solesmes은 아르장탕에서 차로 한 시간가량 서쪽으로 떨어진 곳에 있었다. 내가 하도 말을 안 하니까 이영길 신부님께서 이 이야기 저 이야기 하셨다.

"요즘 프랑스에서는 이런 일이 있었지요."

근래에 프랑스에서는 그런 일이 있었단다. 어떤 부모가 임신을 했다. 그 부모는 임신 초기에 약을 먹은 일이 있어서 병원에 가서 아이에게 어떤 영향이 없는지 검사를 했다. 의사는 아이에게 아무 일 없을 거라고 했고 그들은 아이를 낳았다. 그런데 아이는 기형아였다. 아이의 부모는 그 의사를 상대로 소송을 제기했고 법원은 아이 부모의 고통을 인정한다면서 의사에게 손해배상을 하라고 했다는 것이었다.

"그 부모는 아이가 마치 조각품이나 상품처럼 자신의 작품인 줄 아는 모양이에요. 의사가 그 작품을 망쳐 놓았다고 생각하는 모양이지요. 그러니 이제 의사들은 아주 조금이라도 이상하면 아이를 떼라고 처방하겠죠. 그렇게 해서 또 무고한 생명들이 죽어 가게 생겼어요. 마치 잘못 구워진 도자기를 깨 버리듯이 …."

내가 그 부모의 입장이라면 나는 그렇게 하지 않겠다고 확신할 수 없다. 3년 전에 많은 나이에 막내를 뺐을 때 나는 의사에게 기형아일지도 모른다는 판정을 받았다. 의사는 5개월이 되면 다시 검사를 하고 그 후에 조치를 취하자고 했다. "무슨 조치요?" 내가 되물으니 의사는 냉랭하게 대꾸했다. "그땐 없애야지요." 나는 순간 의사에게 맹렬한 적의를 느꼈다. 만일 기형아라는 판정이 난다면 어쩌면 가장 약삭빠르게 의사에게 달려가 아이를 떼어 달라고 애원을 할지도 모르겠지만 …. 어쨌든 그때는 그랬다. 그리고 임신 5개월이 될 때까지 나는 갈등에 휩싸였다. 낮이고 밤이고 그 생각뿐이어서 태교 같은 건 생각도 할 수 없었다. 하도 고민을 하다가 나중에는 밤중에 깨어나 울었다. '만일 기형아라면 어떻게 하나' 하는 생각과 '그래도 배 속에서 5개월이나 기른 걸 어떻게 죽이나' 하는 생각뿐이었다. 며칠을 그러다가 어느 날 이상한 평화가 찾아왔다. 그게 누구의 영역인지 모르지만 어쨌든 그건 내 영역이 아니라는 깨달음이라고나 할까. '그게 무엇이든 받아들이자'라고 마음먹은 것이다. 그 후 아이는 태어났고 지극히 정상이었다.

처음 아이를 낳았을 때 나는 생각했다. '어떻게 손가락도 발가락도 이렇게 조그만 것이 그래도 다 열 개씩 있을까? 어떻게 가마는 뒤통수 한가운데 이렇게 달려서 나왔을까?' 생각해 보면 나는 그 아이를 만드는 데 한 일이 없었다. 나는 그 아이의 손가락이 열 개인지 스무 개인지, 심지어 그 아이가 남자인지 여자인지, 정상인지 아닌지 확률 50퍼센트의 문제도 맞히지 못했다. 나는 그 아이의 씨앗을 받아 기르는 몸을 빌려 주었을 뿐(아니 생각해 보면 아이를 낳을 수 있는 내 몸을 만드는 데조차 나는 한 일이 없다) 그 아이의 창조자가 아니라는 사실을 깨달은 것이다. 나는 생각했다. 이 아이는 분명 내 아이지만 칼릴 지브란의 말대로 "생명의 아들딸들"이구나.

하지만 낙태에 대해 나는 아직도 고민하고 있다. 예전에 미국에서 청소년의 성 문제를 담당하시던 신부님의 고뇌에 찬 글이 떠오른다. 그 신부님은 청소년 미혼모를 상담하는 일을 하고 계셨다. 어느 날 임신을 한 소녀가 찾아왔다고 했다. 신부님은 소녀를 달래며 일단 그 생명을 죽이지 말고 낳으라고, 낳기만 한다면 내가 키워 주겠다고 애원하듯 말씀하셨다고 한다. 그러자 그 소녀가 말했다.

"신부님은 배 속에 있는 제 아이를 정말 사랑하시는군요."

신부님은 "물론"이라고 대답하셨다.

그러자 소녀는 눈물 고인 눈으로 신부님을 바라보며 물었다고 한다.

"신부님, 그럼 저는요? 저도 사랑하시나요?"

나는 그 글을 쓴 신부님이 느꼈을 고뇌를 이해한다. 신부님은 얼굴도 보지 못한 배 속의 아이를 죽이는 대신 아이의 얼굴을 보고 나서 아이를 버리는 죄를 지으라고 소녀에게 권한 꼴이 되어 버린 것이었다. 나 역시 낙태의 경험이 있고 나 역시 그때 아직 어렸다. 임신 판정을 받고 거리를 배회하면서 흘렸던 눈물을 나는 아직도 기억하고 있다. 그 거리에 작열하던 태양, 수많은 사람이 오고 가던 길거리에 혼자 서서 하늘을 향해, '저 어떻게 하면 좋아요!' 부끄러운 줄도 모르고 멍청하게 서 있던 버스정류장에서의 기억도 선연하다. 그 거리의 싸구려 튀김 기름 냄새, 그 거리의 더운 바람이 머리카락 하나하나를 곤두세우며 불어 갔었다. 나 혼자 편하자고 네가 죽어 없어져야 하는구나 …. 나 혼자 살겠다고 아무 잘못도 없는 아이를 죽여야 하는 자신이 끔찍해졌고 훗날 아이를 낳은 후에, 죄책감은 더해졌다. 8개월만 기다렸으면 이렇게 귀여울 한 생명을 내가 갈기갈기 찢어 쓰레기통에 버렸구나 … 무덤도 꽃 한 다발도 없이 …. 죄의식 없는 낙태를 나는 반대하지만 죄의식 과잉으로 한 인간을 평생 떨게 만드는 일에도 나는 반대한다. 하지만 그 사이에 공간이 있다. 그리고 그 공간은 여자들의 인권이나 사회제도적 불평등과 함께 고려되어야 한다. 그럼에도 불구하고 생명은 어떻게든 지켜져야 한다는 생각에는 변함이 없다. 생명을 죽이는 일은 죄라는 생각에도 변함이 없다. 다만, 누구와 누구의 생명이 그 삶의 과정과 함께 어떻게 지켜져야 할 것인지에 대해 나는 아직도 그 답을 모른다. 생명은 그것이 모두 죽을 운명을 타고나기에 결국은 더욱 귀중한 것이지만, 솔직히 말하자면 내가 받은 생명 하나, 나로 말미암아 잉태된 생명 하나 온전히 지키기에도 늘 허덕이고 있는 것이 나라는 사람이니까.

차는 솔렘 수도원에 도착했다. 멀리서 바라보니 규모부터 아르장탕의 작은 수도원과는 비교가 안 된다. 건물 모양이며 그 곁으로 흐르는 개울이며 꼭 중세의 성 같은 느낌이었다. 프랑스혁명 당시 이 수도원의 수도자들이 모두 쫓겨났다가 다시 돌아와 오늘에 이르렀단다. "수도자들이 귀족 편이 되어서 나쁜 일을 많이 했나 봐요." 눈치도 없이 물으니 이영길 신부님은 그냥 웃으신다. 이 수도원은 포도주와 목공예, 무엇보다 그레고리오 성가로 유명하다고 했다.

그레고리오 성가란 6세기부터 지금까지 전해 내려오는 로마가톨릭교회의 전례용 성가다. 내 느낌으로는 그러니까 판소리의 유럽판이라고 나 할까. 반주 없이 모두가 입을 모아 단일한 곡조의 노래를 부르는 것이다. 한마디 한마디를 길게 끄는 여운이 아름다운 노래다. 6세기, 64대 교황인 성 그레고리오 1세가 그때까지 전해 내려오던 성가를 모아서 통일된 형태를 갖추게 했기 때문에 그런 이름이 붙여진 모양이었다. 이 솔렘 수도원이 그 그레고리오 성가로 유명한 곳이란다.

날이 흐린 탓인지 일찍 어두워지기 시작했다. 기도 시간을 기다리며 성물 가게를 구경했다. 목공으로 유명한 수도원답게 아름다운 십자가와 목공품이 많았다. 앞으로 여행해야 할 일정이 한 달이나 남아 있으니 짐을 늘리는 일은 꿈도 꾸지 못한 채 나는 그저 소유욕을 견디며 묵묵히 그것을 구경했다. 종소리가 울리고 성당으로 들어갔다. 아르장탕 수녀원과는 달리 신자들이 기도 시간에 많이 와 있다. 수사님들과 신자들 사이에 철창이 쳐진 것은 아르장탕과 같았다. 하지만 여기는 아르장탕보다 크고 밝고 규모도 웅장하다. 기도가 시작되기 전 기웃거려 보니 제대 장식도 아주 아름답다. 드디어 수사님들이 들어오신다. 영화 「장미의 이름」에 나오는 그 수사님들의 복장과 꼭 닮았다. '남자들의 모습도 저렇게 아름다울 수 있구나' 싶어 셔터를 눌렀다. 제발 이 어둠 속에서 사진이 제대로 나와 주기를 바라면서 정신없이 찍고 있는데, 드디어 호통 소리가 들린다. 불어를 몰라도 뭐 그런 소리 같았다. '여기는 정숙하고 은폐된 곳이오. 사진 촬영은 누구에게든 금지되어 있소. 당장 사진 찍는 것

솔렘 수도원 전경. 건물 모양이며 그 곁으로 흐르는 개울이 꼭 중세의 성을 연상시켰다.

을 중지하지 않으면 내쫓겠소.' 하는 수 없이 자리에 와 앉았다. 호통치는 수사님의 서슬이 하도 퍼랬기에 겁이 났다. 수사님들의 그레고리오 성가는 듣기에 참 좋았지만 '뭐 그렇게까지 호통칠 거 있어' 하는 생각에 경건한 기도의 마음은 달아난 지 오래였다. 그러니 성당이나 음악이 문제가 아니라 사람과 사람 사이의 관계가 이미 기도가 아닐까 하는 생각이 들었다. 일전에 어떤 책을 읽으니 예수님이 그러셨단다. "너희들 안에 이미 천국이 있다." 그런데 그 말을 히브리어로 자세한 뉘앙스를 들여다보면 너희들 '안에'가 아니라 너희들 '사이에' 천국이 있다는 말이란다. 그러니 '관계'가 아닐까.

하지만 수도자들은 고독해야 한다는 사실, 호기심 어린 어떤 시선도 용납하면 안 된다는 사실을 내가 모르고 있었던 것은 아니다. 어설픈 무당들이 헤프게 친절하고, 견성한 노스님들이 왜 쌀쌀해 보이는지도 이해하고 있었다. 그분들은 어쩌면 교과서적인 친절과 자기조차 미망에 빠져 버리게 하는 섣부른 연민을 경계하고 계신 것일 테니까. 생生은 혼자 가는 길, 혼자만이 걷고 걸어서 깨달아야만 하는 등산로 같은 것인지도 모른다. 에베레스트 산 정상에 헬리콥터를 타고 간들 아무도 그가 산을 정복했다고 말해 주지 않듯이, 그건 눈보라와 암벽과 싸워서, 무엇보다 자기 앞에 놓인 시간과 싸워서 각자가 가야만 하는 절체절명의 고독한 길이라는 걸 그분들은 아시는지도 …. 지허知虛 스님은 『선방 일기』에서 이런 글을 쓰셨다.

철저한 자기 본위의 생활은 대인 관계에 있어서 극히 비정하게 느껴진다. 하지만 이 비정한 자기 본위의 생활에 틈이 생기거나 흠결이 생기면 수도는 끝장나고 선객은 태타惰에 사로잡힌 무위도식배가 되고 만다. 자기 자신에게 철저하게 비정해야만 견성의 길이 열리는 것이다.
…

비정 속에서 비정을 씹으면서도 끝내 비정을 낳지 않으려는 몸부림. 생명을 걸고 생명을 찾으려는 비정한 영혼의 편력이 바로 선객들의 생태다.

진실로 이타적이기 위해서는 진실로 이기적이어야 할 뿐이다.

모순의 극한에는 조화가 있기 때문일까.

저분들은 생을 맹세하고 철창 속에 자신을 가둔 분들. 그 비장함 앞에서 나의 투덜거림은 한낱 소음에 지나지 않는지도 모른다. 스님들이 성性을 보기見 위해 스스로를 산속에 고립시켜 홀로 비정해지듯, 여기 수사님들도 하느님을 만나기 위해 스스로를 비정하게 철창 안에 묶어 두는지도 모른다. 그리고 그 둘은 어쩌면 같은 길일 것이다.

돌아오는 길에 이영길 신부님은 프랑스인 으제니 씨 댁에 가서 저녁을 먹자고 하신다. 여기 오는 도중 콜라도 사 주시고, 휘발유 값도 안 받으시고, 통역비로 드린 봉투도 싫다고 하신다. "신부님, 저 돈 많아요"

솔렘 수도원의 성모상

위 솔렘 수도원 성당
가운데 **솔렘 수도원의 안뜰**
아래 **식당 풍경.** 빵과 물, 오렌지가 수사님들 식사의 전부다.

해도 요지부동이시다.

"마리아 씨, 돈 많아요? 그러면 잘 저금해 놓으세요. 여기서는 내가 써요" 하셨다.

솔직히 신부님이 무슨 돈이 있을까 싶지만 어른이 그러니 묵묵히 있는 수밖에. 내가 근사한 저녁을 사고 싶다고 했더니 이제는 저녁 먹을 곳까지 알선해 주시는 것이다. 남편은 치즈 공장의 공장장이고 부인은 초등학교 교장인 으제니 씨 댁에서 저녁을 먹었다. 으제니 씨 댁은 전형적인 프랑스 중류층이라 한다. 이층집과 벽난로와 정원과 아들딸, 게다가 예쁜 개까지 없는 게 없다. 그런데 이상하게 이 집에는 내가 수도원에서 보았던 그런 기쁨의 자취는 별로 보이지 않는다. 수도원에 갔다 온 흥분이 가시지 않아, 내가 사람들에게 인색하게 느끼는 것인지, 아니면 이분들이 어제 부부싸움이라도 하셨는지, 그도 아니면 수도원에서 하느님만 바라보고 사는 게 아니라 사람하고 사는 게 원래 기쁠 일이 별로 없는 것인지. 호박전과 비슷한 채소 요리, 채소 수프, 치즈 그리고 케이크를 먹고 역시 좋은 맛의 포도주도 대접받았다.

파리로 돌아갈 시간 때문에 우리는 서둘러 출발했다.

"혼자 사시는 거 힘들지 않으세요?"

내가 이영길 신부님께 물었다. 신부님은 웃으시더니 "그냥 그것도 가난하기로 마음먹었다고 생각하면 돼요"라며 웃으셨다.

"가난이요 …."

내가 중얼거리고 있는데 이영길 신부님이 다시 말씀하셨다.

"처음에 신부가 되고서는 사실 혼자 사는 일에 대해 그렇게 어렵다고 생각 안 했어요. 내가 처음 신부로 부임하니까 성당의 할머니들이 내 손을 붙들고 '어이구, 이렇게 젊은 양반이 혼자서 어떻게 살아' 할 때도 뭐 그런가 보다 했죠. 그땐 열정으로 가득해서 하느님 일 외에는 눈에 뵈는 게 없었으니까 …. 그런데 나이 들수록 혼자 있는 게 힘들어져요. 나이 들어 옷 벗는 동료 신부님들 이해 못할 거 없어요. 그건 세상 사람들이 말하는 대로 여자 문제만은 아닌 거예요."

나는 이영길 신부님의 옆모습을 바라보았다. 신부님은 담담한 표정이시다. 나도 그 할머니들처럼 생각했다. 젊은 신부님은 힘들겠지만 좀 나이 들면 뭐 힘들 게 있겠어. 결혼 생활 오래 한 남자들이 말하곤 하지 않는가, 이제는 좀 혼자 있고 싶다고. 그런데 신부님 말씀을 듣고 있으려니 마음 한구석이 찡했다. 안에 있는 사람은 나가고 싶어 하고 밖에 있는 사람은 들어가고 싶어 하고 …. 나이가 들수록 하나를 얻기 위해서 하나를 버려야만 하는 진리는 피부로 와서 전해진다. 일전에 성고문 사건을 폭로해서 유명해진 권인숙 씨도 이렇게 쓴 적이 있다. "금을 얻기 위해서는 마음속에 가득 찬 은을 버려야 하고, 다이아몬드를 얻기 위해서는 또 어렵게 얻은 그 금마저 버려야 한다." 버리면 얻는다. 그러나 버리면 얻는다는 것을 안다 해도 버리는 일은 그것이 무엇이든 쉬운 일이 아니다.

버리고 나서 오는 것이 아무것도 없을까 봐, 그 미지의 공허가 무서워서 우리는 하찮은 오늘에 집착하기도 한다. 그렇게 불행한 결혼을 계속하면서 떠나지도 극복하지도 못하고 그냥 망가져 가는 친구를, 그렇게 붙들고 있는 자리 때문에 한없이 작아져 가는 친구를 나는 많이 알고 있다. 아니, 그건 비단 친구들의 문제만은 아니다.

톨게이트를 지나니 이미 열한 시가 지나 있다. 호텔에 도착하니 열한 시 반, 신부님과 급하게 헤어지는데, 참 뭐라고 감사의 말씀을 드려야 할지 또 막막해졌다. 신부님은 "마리아 씨, 여행 잘하고 몸조심해요" 하시며 훌훌 가신다. 팁까지 받은 여행사 가이드도 저렇게 훌훌 가지는 못할 거다. 멀어지는 신부님 차를 바라보자니 그런 생각이 들었다. 내가 진짜 글 쓰는 사람인지 사기꾼인지 확인도 안 하고서는 운전해 주고, 통역해 주고, 돈도 자기가 다 쓰고…. 선진국에 오래 산 사람들이 이래도 되는 거야?

이 파리

호텔에서 하루를 나른하게 보내려고 하는데 진섭이 생각이 났다. 늦게 유학을 와서 불문학을 전공하고 있는데 지난번 파리에 왔을 때도 도움을 많이 주었다. 원래 파리에 오면 통역을 맡아 주기로 했는데 논문 일정 때문에 계획을 변경시켰던 내 동창. 전화를 걸어 보니 파리 오페라 앞으로 나오란다. 우리로 치면 광화문 네거리쯤 되나 보다. 전철을 타고 오페라 앞으로 갔다.

"야, 너 많이 늙었다."

첫마디부터 별로 좋지가 않았다. 그렇다고 늙은 나이에 마누라하고 애들 데리고 힘겹게 유학하고 있는 녀석한테 나도 솔직히 말하기가 뭣해서 "야, 넌 아직도 그대로다" 거짓말을 했더니 예상대로 좋아했다. "어디 가서 뭘 먹을까?" 하는데 이 녀석이 "이왕 고민하려면 햇볕 쬐면서 하자" 하더니 나를 전철 정류장 앞 양지 쪽으로 끌고 갔다. 그가 그러는 걸 보니 정말 유럽 사람이 다 된 것 같다.

아닌 게 아니라 파리에는 오랜만에 햇볕이 났단다. 광장의 볕 드는 곳에서 사람들이 볕바라기를 하고 있다. 햇볕 아래 서 있는 얼굴들이 이상하게 다들 천진해 보인다. 햇볕에 나가니 그도 나도 얼굴의 주름이 서로에게 선명해졌다. 우리는 주름진 서로의 얼굴을 모른 척하면서 광우병 이야기를 했다. 그러자 수도원에서 먹은 소시지, 우설 스튜 등이 생각났다. 하지만 어떻게 하겠는가, 이미 먹은 걸. 광우병에 감염되었다면 그것의 잠복 기간이 20년이 되고 30년, 40년도 될 수 있다니 그저 나 살 만큼 살고 발병하라고 빌밖에. 우리는 오페라에서 조금 더 걸어 라파예트 백화점 옆 골목의 레스토랑으로 갔다. 해산물 요리를 시키고 앉아 있는데 라파예트 백화점이 보였다.

처음 파리에 왔을 때였다. 후배 K교수가 방학 동안 파리에 있다가 나를 안내했다. 그는 프랑스에서 오래 공부한 사람이었고, 한불문화재단의 초청 강연도 그가 주선해 주었다. 유명하다는 라파예트 백화점에서 사람 구경만 실컷 하고 목이 말라 콜라를 하나씩 사 먹었다. 콜라를

다 먹었는데도 쓰레기통이 보이지 않아 빈 캔을 들고 다니다가 하는 수 없이 내가 그에게 물었다. "이거 어디에 버려요?" 그러자 K교수는 '아아 그거요' 하는 표정으로 "저 주십시오" 하면서 얼른 캔을 받더니 제 발밑에 떨어뜨려 버리는 것이다. 내려다보니 내 발밑, 그의 발밑, 공중전화 박스 안, 고급 백화점 앞은 쓰레기 천지였다. 이러니 내가 파리를 어떻게 기억하고 있을지 여러분은 짐작을 할 것이다.

해산물 요리를 먹으며 진섭이와 포도주를 한잔했다. 처음에는 작은 거 한 병, 두 병 하며 시작한 술이 나중에는 저녁이 이슥하도록 이어졌다. 오랜만에 만난 동창이니, 친구들 근황을 이야기하고 있는데 문득 그가 말한다.

"학부제인지 뭔지 때문에 돌아가도 자리도 없을 것 같고, 요즘 프랑스도 유학생들에게 비자를 제한해서 내주고 …. 그러니 돌아가긴 돌아가야 할 텐데 큰일이다. 하지만 난 내가 프랑스에 온 걸 하느님한테 감사드린다. 여기 와서 참 많이 반성했어. 여기 지식인들, 과거에 자신들이 식민지에 잘못한 거 반성하는 거 보고, 또 현재까지도 그 나라들을 위해 싸우는 걸 보고, 내가 어떻게 살아야 할지 배운 거 같아. 내가 만일 미국이나 영국에 갔더라면 이런 일이 없었겠지 …. 돌아가면 나도 그렇게 살아야 할 것 같아 …. 적어도 우리가 지식인이라면 말이야. 한국에 와서 일하는 제3국 노동자에 대한 기사들이 신문에 나는 걸 보고 얼마나 부끄러웠는지. 가톨릭 노동위원회에서 그 사람들 인권 상담도 하고 그러는 모양인데, 그 사람들에게 처음 가르쳐 주는 한국말이 예전에는 '월급 주세요'였는데 요즘은 '때리지 마세요, 저도 사람이에요'란다."

부드러워서 홀짝홀짝 마시던 포도주의 취기가 부끄러움처럼 휘이익 얼굴을 감쌌다. 그러고 보니 '진섭이가 많이 변했네' 싶었다. 그는 내가 대학 때 함께 몰려다니던 남자 친구 중 하나였다. 다들 작가 지망생들이었고, 다들 남을 배꼽 잡게 할 만큼 우스갯소리를 잘했고, 다들 술집에서 시국 토론을 잘했다. 그런데 그만은 그렇지 않았다. 우리가 우스갯소리를 하며 놀리면 "아이 참" 하며 그저 어이없는 표정을 지었고, 우리가 시국 토론에 열을 올리면 그저 가만히 있었다. 데모가 벌어지면 그는 혼자 괴로운 표정으로 그저 도서관 창가에 서 있었다. 나는 바로 그런 사실 때문에 그가 어쩌면 회색분자일지도 모른다고 의심도 했다. 그런데 작가 지망생이던 그 친구들은 모두 대기업으로, 증권사로 가고, 그 혼자 현실적으로 비전도 없는 프랑스 문학을 공부하며 여기 있다. 시국 토론에 열을 올리던 친구들이 마누라 몰래 다른 여자와 잔 이야기를 하고 아파트 값을 이야기하고 주식 때문에 손해 본 이야기를 하는데, 그는 새삼 지식인의 양심을 이야기한다. 무엇이든 하느님께 감사한다는 그의 말을 듣고 보니, 나도 그에 대해서 하느님께 감사하고 싶어졌다. 그런데 '얘가 언제부터 하느님을 믿었나' 싶어졌다.

"근데 너 하느님 믿니?"

"그럼, 나 가톨릭 신자야."

그와 나는 대학 1학년 때부터 친구였다. 그런데도 나는 그가 가톨릭 신자이며 더구나 프랑스에 와서 더욱 독실한 가톨릭 신자가 되었다는 사실은 전혀 모르고 있었다. 하기는 우리가 친했던 1980년대에 조용한 찻집에 마주 앉아 신을 이야기할 기회는 전혀 없었다. 그래도 이건 좀 너무하다 싶었다. 그가 신앙 이야기를 꺼내자 우리는 갑자기 할 말이 아주 많아졌다. 느긋한 식사가 끝나고 근처 카페로 자리를 옮겼다.

"여기 파리에 와서 나는 각양각색의 사람들이 서로 그냥 어울려 사는 걸 배웠다. 가톨릭이건 마호메트건 힌두인이건 아무도 상관 안 해. 파리가 말이야 어느 정도냐면, 내 친구 놈이 파리에 와서 논문 안 써진다고 머리 빡빡 밀고 한국 두루마기를 입고 지하철을 탔대. 좀 너무했나 싶어 거울에 비친 자기 모습을 조금 쑥스러워하고 있는데 파리 사람들이 아무도 안 쳐다보더라는 거야. 강적들 아니니? 하기는 창밖을 좀 봐. 터번에, 이슬람에, 흑인들까지…. 그런데 이놈이 나중에 한국에 가서 교수가 되어 이번엔 머리도 단정히 하고 두루마기 입고 지하철을 탔는데 모두 쳐다보더래."

"그럴 거야" 하며 우리는 웃었다.

"여기 와서 특히 회교도들에 대한 생각이 많이 바뀌었어. 그들도 결국 하느님을 믿는 사람들이거든. 난 부처도 결국 하느님이 동방에 보내준 예수라고 생각해."

가톨릭 신자라는 그의 입에서 나온 그 말이 일견 위험할 수도 있었지만 나는 그를 이해할 수 있는 기분이었다. 떠나오기 전 기독교도들이 초등학교 단군상을 파괴했다는 기사를 보고 마음이 우울해져서이기도 했다.

문득 현대의 성녀, 콜카타에서 임종한 마더 데레사가 떠올랐다. 그녀는 자신이 가장 심혈을 기울여 운영하던 '임종자의 집'에서는 누구나 각자의 종교에 따라 마지막 예식을 거행할 권리를 주었다고 했다.

"당신은 당신이 바치는 기도를 드리고, 나는 내가 바치는 기도를 드리기로 합시다. 우리가 이렇게 기도를 바치면 신을 위해 무언가 아름다운 일이 될 것입니다"라고 죽어 가는 사람들에게 속삭였다는 그녀. 많은 결점에도 불구하고 내가 그래도 가톨릭으로 돌아간 것은 가톨릭이 아직 이런 너그러움을 가지고 있었기 때문인지도 모른다는 생각이 들었다.

나는 이 층 카페 창으로 파리를 내려다보았다. 신호등이 있으나마나 사람들은 길을 건너고, 쓰레기는 넘치고, 길거리에는 백색과 황색과 흑색의 사람들이 거의 삼분의 일의 비율로 걸어 다닌다. 처음 파리에 왔을 때 샹젤리제 거리에 서서, 수백 년 동안 굳건한 그들 영화의 찬란함이 빛나는 건축물로 서 있는 것을 바라보면서 '니들 이거 다 식민지에서 뺏은 거지' 하는 생각도 했다. '너희들의 대리석 계단을 하나 더 올리기 위해 아프리카와 아시아의 수많은 민중이 아이들에게 젖을 못 물렸을지도 모른다'고도 생각했다. '말이 좋아 톨레랑스지, 그건 야만적인 식민지의 문

'저 사람의 권리가 지켜질 때 내 권리도 지켜지리라' 하고 생각하는 성숙한 나라.
'어떤 나라도 어떤 민족도 나쁘기만 한 것도
좋기만 한 것도 아니다'라는 사실을 깨달으며
나는 저무는 파리 거리를 내려다보았다.

화를 참고 봐주겠다라는 오만함에서 비롯한 거 아닌가'라는 생각도 물론 했다.

그렇기는 하지만 이들도 애썼고 이들도 힘들었다. '만인은 평등하다'라는 당연한 사실을 현실로 만들기 위해 이들의 피가 저 거리를 흘러내렸다. 프랑스혁명이 없었다면 오늘의 현대사회가 탄생할 수 있었겠으며 오늘의 내가 이 자리에 있을 수 있었을까. 버스 노조, 지하철 노조, 택시 노조, 심지어 비행사 노조까지 파업을 해서 파리 전 지역이 한 달 동안 마비가 되어도 누구를 비난하거나 분통을 터뜨리지 않고 '저 사람의 권리가 지켜질 때 내 권리도 지켜지리라' 하고 생각하는 성숙한 나라. '어떤 나라도 어떤 민족도 나쁘기만 한 것도 좋기만 한 것도 아니다'라는 사실을 깨달으며 나는 저무는 파리 거리를 내려다보았다. 나에게 실망만 안겨 주었던 그 파리는 없는데, 나에게는 새로운 파리의 얼굴이 생겨나는 듯했다. 나는 어쩌면 '그 파리'가 아니라 '이 파리'를 좋아하게 될 것 같았다.

프랑스
테제 공동체
리옹

여기 서 있는 그대,
화해하십시오

수천 개의 촛불과 아름다운 기타 소리,
세계 각국의 젊은이들이 거대한 천막 같은 성당에서
제 나름대로 바닥에 앉거나 무릎을 꿇고 기도를 드리며 노래를 부르고 있었다.

리옹

                          6시 반쯤 일어나 출발을 서둘렀다. 호텔 창문을 여니 햇살이 눈부시게 빛난다. 파리는 이례적으로 계속 좋은 날씨를 보이고 있다. 어제는 파리의 학회에 참석차 왔다는 선배 교수들을 만나 거나하게 술을 마셨다. 그렇게 술에 취해 돌아오는 길에 파리 주택가를 달리는 밴 안에서 우리는 고래고래 노래를 불렀다. '사랑도 명예도 이름도 남김없이 한평생 나가자던 뜨거운 맹세 ⋯.' 파리까지 와서도 주먹을 쥐고 구호를 외치듯 노래 부르는 노교수들의 옆얼굴, 귀 뒤에 돋은 흰 머리카락들이 어둠 속에서 천진하게 빛나고 있었다. 생각해 보면 교수가 노동자 편을 들어서 이로울 건 아무것도 없다. 해외 학회 참석 기회도 드물고, 대학 당국도 좋아하지 않으며, 하다못해 대기업의 프로젝트를 따내서 가계에 도움이 되는 일도 하지 못한다. 아니 가계에 도움이 되기는커녕 박봉의 교수 월급을 쪼개 나누어야만 한다. 노동자들과 만나면 그래도 교수가 돈을 내야 하는 게 우리 현실이니까. 함께 우리 차에 탔던 K교수님은 그래서 아이들이 고등학생이 됐을 때 아파트를 팔아 변두리 연립으로 집을 옮기기도 했다. 사모님이 하는 수 없이 식당을 차린 분도 계셨다. 하지만 이분들은 1980년대부터 지금까지 그렇게 사신다. 남들은, 모던도 안 된 우리나라에서 포스트모던을 논하고 역사를 비웃고 그리하여 영화를 누리는 동안, 변두리로 집을 옮겨도 옳은 건 옳은 거다. '진정한 지식인이란 그러면 안 된다'라며 사신다. 돈이 좋은 줄 몰라서가 아니라, 권세를 얻어 쓸 줄 몰라서가 아니라, 돈과 권세가 옳지 못하니 둘 중 하나를 얻기 위해 하나를 버리신 까닭이다.

아직 술에서 덜 깨어난 듯한 머리를 흔들며 나는 리옹Lyon을 향해 출발했다. 이혜정 수녀님을 만나러 가는 길이다. 지도를 보니 거의 서울 부산만큼 멀리 떨어진 거린데 테제베TGV로 두 시간 반이 걸린단다. 이제 리옹에서 이혜정 수녀님을 만난다. 이 기행이 너무나 감사한 이유 중 하나는 이혜정 수녀님 때문이다. 이렇게 만나게 될 줄 누가 알았을까. 여행을 준비하면서 우연히 생활성서사에 들렀을 때 이혜정 수녀님이 프랑스에서 공부하신다는 소식을 듣게 되었다.

수유리 내 집으로 찾아오셨던 생활성서사의 이혜정 수녀님. 나를 그 잡지의 표지로 내고 싶다고 찾아온 그분과 먼 도봉산의 단풍을 바라보며 걸었다. 7년 전이었던가, 내가 냉담하는 가톨릭 신자라는 것을 알고 그때 갓 낳은 아기와 나를 다시 성당으로 가게 하시려고 수녀님은 참으로 애써 주셨다. 편지도 보내 주셨고 책도 주셨다. 그런데 나는 성당에 나갈 수가 없어 수녀님을 나를 짝사랑하는 남학생처럼 홀대하고 멀리했던 것이다. 그러고는 가끔 그 수녀님 생각이 날 때면 '다시는 못 만나겠지' 생각하고 말았는데, 갑자기 그때 생각이 나면서 눈물이 핑 돌았다.

그로부터 7년이라는 세월이 흘렀다. 그때 갓 태어난 그 아이는 이제 초등학교에 입학한다. 그런데 내 머리는 그때의 미안한 감정을 다 기억하고 있었던 것이다. 뭐가 미안했느냐면, 이 수녀님에게 미안했고, 또 하느님에게 미안했고, 또 내 아이에게 미안했고, 무엇보다 나 자신에게 미안했던 그 마음.

너무도 간단한 이메일 주소 한 장을 들고 집으로 돌아오는데, 차 안에서 거짓말처럼 자꾸 눈물이 흘렀고 등줄기로 소름이 돋아났다. "어미가 배 속에 든 아이를 잊어도 나는 너를 잊지 않겠다"는 내 하느님은 그리 만만한 분이 아니신 것이다. 7년 전과 지금의 시간이 딱 접히는 것이 황망했다. 다 잊어버린 줄 알고 있었던 이혜정 수녀님의 이름과 그때 내가 느꼈던 미안함이 왜 이렇게 선명히도 기억이 난단 말인가···. 만일 이번 여행이 성사되어 이혜정 수녀님을 만난다면, 그렇다면 얼마나 좋을까 생각하면서도 나는 또 생각했던 것이다. 가게 될 것이고 가서 만나게 될 것 같다. 7년 전의 시간은 어쩌면 오늘을 위해서 예비되어 있었는지도 모른다는 그런 생각 …. 나는 그날 수녀님께 꽤 긴 편지를 보냈다. 수녀님의 첫 반응은 놀라움이셨던 것 같다. 편지의 첫 구절에는 이런 말이 쓰여 있었다.

그랬군요, 그렇게 됐군요.
하느님께서 마침내 그런 일을 이루셨군요. 지금 훈기를 쐬고 계시는 하느님의 평화가 제게도 전해져 하루 종일 '하느님의 때'라는 것에 대해 곰곰 되새겨 보았답니다.

하기는 내가 다시 신앙을 찾았다고 했을 때 내 주변 사람들의 놀라움도 이혜정 수녀님의 반응과 다르지 않았다. 국제전화로 나에게 선교하려고 했던 미국의 언니에게, 종교에 대해 말하려면 다시는 전화를 하지도 말라고 언성을 높여 그녀를 무안하게 만든 일도 있었고, 나를 다시 기독교인으로 데려가려던 친구에게 가톨릭과 기독교가 이 역사에 끼친 해악을 한 시간 동안이나 말한 적도 있었던 나였으니 …. 한참 시간이 지난 후 "내가 다시 신앙을 찾았어" 하니까 한 친구도 말했던 것이다.

"괜히 걱정했구나, 다 이렇게 될 것을."

이상했다. 40년 가까이 살면서 좋은 일도 많았고 행복하다고 느낀 적도 있었지만, 기쁘다고 느낀 것은 정말로 이때가 처음이 아니었나 싶다. 운전을 하고 다니면서도 누구에게든 웃어 주고 싶었다. 한마디로 약간 핀이 나간 것처럼 나는 방실방실 웃고 다녔던 것이다. 그렇다고 내가 신앙을 찾은 그 무렵, 내게 무슨 떼돈이 굴러 떨어졌거나 아이들이 갑자기 공부를 잘한 것은 아니었다. 자기 죄를 살피는 일, 지나온 시간을 두고 마음이 찢어질 듯 아팠던 그런 일이, 이렇게 기쁨을 가져다주는 이 역설적인 신비는 어디서 오는지, 지난 시절도 잊고 나는 친구들에게 자랑을 하며 말했다.

이제 내게는 이 세상에서 제일 큰 백back이 생겼어 ….

기차가 리옹 역에 도착했다. 이혜정 수녀님이 뛰어오신다. 서양 사람들 같으면 포옹이라도 할 것을 이혜정 수녀님도 나도 그저 한국 여자들이라서 가만히 서로를 바라보며 웃었다. 택시를 타고 수녀님이 계시는 수녀원으로 갔다. 특별히 점심을 부탁해 놓으셨단다. 떠나오기 전 메일을 통해 리옹에서 제일 맛있는 점심을 대접하고 싶다고 했는데 또 대접을 받게 생겼다. 원래 대학에서 불문학을 전공하셨던 수녀님은 이곳에서 리옹 대학에 다니신단다. 택시를 타고 리옹에서 가장 유명한 푸르비에르 노트르담 대성당Basilique Notre-Dame de Fourvière이 있는 곳으로 가면서 이 수녀님은 리옹을 설명해 주신다. "리옹에는 세 개의 강이 흘러요. 론Rhône 강과 손Saône 강, 그리고 이 둘이 만나 보졸레Beaujolais의 강이라는 자식을 만들었대요."

보졸레라는 포도주 이름에 우리는 웃었다. 택시는 낑낑거리며 제법 높은 언덕을 올라간다. 수녀원 앞에서 차를 내렸다. 원래는 수녀님들이 수도를 하던 이곳 수녀원은 지금은 입회자 수가 적어 양로원으로 쓰고 있단다. 역시나 프랑스 식당답게 아담하고 아름다운 식당으로 들어가니 점심 식사가 벌써 차려져 있다.

내가 좋아하는 콩깍지와 돈가스, 빨간 순무가 들어간 샐러드 그리고 케이크와 보졸레 포도주까지 …. 식사가 끝나고 수녀원을 구경했다. 아담하고 아름다운 수녀원이었다. 가지고 간 카메라로 사진을 찍고 이혜정 수녀님을 찍으려 했더니 한사코 안 되신단다. 숨어 살려는 사람들의 입장을 이해해 달라고 하시길래 몰래 한 장 찍었는데, 하느님의 뜻인지, 서울에 와서 현상을 해 보니 한 장도 나오지 않았다. 분명 날씨가 하도 좋아서 노출을 그렇게 맞추었는데, 그 이후 다른 곳에서는 이보다 약한 빛에서도 사진이 다 나왔는데 …. 어쨌든 수녀님이 외출 준비를 하시는 동안 그 동네에 있는 로마 유적지와 대성당을 구경했다.

수녀님이 계시는 곳 바로 앞에 가르멜 수녀원이 있었다. 지금이 기도 시간이라고 해서 우리는 잠깐 그곳에 들렀다. 아주 작고 아담한 수녀원이었다. 들어서니 문지기 수녀님이 문을 열어 주시는데 어찌나 나이

푸르비에르 노트르담 대성당. 검푸른 하늘과 흰 성당의 빛이 신비하고 오묘한 느낌을 준다.

푸르비에르 노트르담 대성당의 예수상

위 왼쪽 대성당의 화려한 조각들
위 오른쪽 대성당 내부의 스테인드글라스와 조각상
아래 대성당 내부의 벽화

가 드셨는지 허리가 다 굽으셨다. 이혜정 수녀님이 나를 소개하자, 얼마든지 사진을 찍으라며 성당의 불을 일일이 켜 주신다. 철창이 쳐진 것은 아르장탕 수녀원이나 솔렘 수도원과 같았는데 이곳은 더 밝고 더 작아서 기도 시간에 마주 앉은 수녀님들이 작게 말해도 서로 이야기를 알아들을 만한 거리였다. 이곳에 계신 수녀님들은 열다섯 분 정도, 기도 시간에는 열세 분 정도의 수녀님이 나오셨다. 두 분은 노환으로 앓고 계시단다. 떠나기 전 정양모 신부님의 말씀이 생각났다.

"가서 보고 너무 실망하지 마십시오. 젊은 사람들이 더 이상 오지 않는다고 말이지요. 우리 교회도 이젠 어떤 전환점에 서 있는 겁니다."

돌아보니 수녀님들이 모두 예순 살 이상으로 보이셨다. 실망스러운 대신 왠지 마음이 아파지기 시작했다. 하지만 생명이 있는 모든 것이 그러하듯 제도도 늙어 가는지도 모른다. 가톨릭은 세계 역사상 가장 크고 가장 오래된 조직이다. 사람이든 조직이든 늙지 않기 위해서는 다시 태어나야 한다. '날마다 새로, 날마다 다르게.' 예수가 그랬고, 석가가 그랬고, 공자가 그랬듯이, 돈 있고 힘 있는 기득권 세력에게 환영받았던 성인은 이 세상에 단 한 명도 없다. 왜냐하면 진실은 너무 커서 당연히 늘 새롭고, 작고 낡아서 거짓으로 변해 버린 것들을 불편하게 하기 때문이다. 진리가 우리를 자유에 이르게 하는 유일한 길임에는 틀림없지만 그 길로 가는 관문은 고통스럽다. 이 고통을 피하려는 자들이 가장 쉽게 할 수

가르멜 수녀원

있는 일이란, 그러므로 진리를 말하는 자들을 없애는 일뿐이다. 그렇게 예수는 제거되었다. 그리하여 하느님의 인간 구원 프로젝트는 십자가 처형이라는 패배의 길을 통하여 완성된다. 하지만 나는 아직도 모른다. 어떤 패배가 진리에 이르는 진정한 패배인지를.

테제,
꿈 하나만 믿고 이룬 공동체

오후 세 시쯤 트렁크를 끌고 우리를 테제 공동체Communauté de Taizé까지 데려다주실 올리비에 수사님께 향했다. '오블라띠회'라고 줄여 말하는 '원죄 없이 잉태되신 마리아의 오블라띠 선교 수도회'Oblats de Marie-Immaculée의 수도원이다. 아담한 삼 층 양옥집 같이 생긴 문을 밀고 들어가니 거기가 수도원이란다. 그냥 남자들이 모여 사는 일반 집과 조금도 다름이 없었다. 남자 수도자만 기거하시는 데라 그런지 수녀원을 방문했을 때의 그런 아기자기함은 없다. 잠시 후, 브래드 피트처럼 잘생긴 젊은 남자가 걸어왔다. 이분이 올리비에 수사님이시란다. 올리비에 수사님은 평상복 차림이셨다. 갈색 스웨터와 청바지, 목에 걸린 나무십자가를 제외하면 그냥 거리를 지나가는 청년으로 보인다. 함께 계시는 나이 든 수사님은 색 있는 와이셔츠에 청바지 차림이시다. 이분들은 선교와 교육을 담당하는 수사님들이고 사람들과 자주 만나는 일을 하시는지라 길고 치렁치렁한 수사복이 아니라 평상복을 입고 계신다고 했다.

날이 어둡기 전에 빨리 출발해야 했으므로 이혜정 수녀님, 올리비에 수사님 그리고 나, 이렇게 셋은 작은 차에 탔다. 날이 저물면서 흐려지고 가끔씩 빗방울이 듣기 시작했다. 올리비에 수사님은 말수도 적고 성격도 차분하신 것 같은데 거의 시속 200킬로미터로 차를 몰았다. 이곳 신부님들은 모두 과속을 하시는지 …. 그렇게 리옹에서 파리 방향으로 다시 두 시간을 달리면 테제 공동체가 있다고 했다.

사실 떠나기 전부터 이 테제 공동체에 대한 기대가 많았다.
평소 지성인이라고 생각했던 내 주변의 사람들이 나를 자신의 종파로 끌어들이려고 하는 모습을 보면서 실망을 금치 못했다. 성당에 나가면 하느님 아버지가 계시고, 교회에 나가면 하나님 아저씨가 계신 것도 아닌데 말이다. 그런데 프랑스 테제라는 곳에 신교와 구교 모두를 아우르는 공동체가 있다는 말을 듣고는 꼭 들러야지 싶었다.

무리한 일정이었는지 두 시간 동안 좁은 차를 타고 가다 보니 배는 고프고 눈은 감겼다. 그런데 올리비에 수사님은 내가 한국에 돌아가 책을 쓴다는 말을 듣고 한 수도원이라도 더 보여 주려고 길을 이리저리 달리셨다.

'이제 드디어 도착인가' 싶었더니 베네딕도회의 마콩Mâcon 수녀원에 가서 저녁기도를 올리자고 하신다. 수녀원으로 들어갔더니 연락을 이미 받으셨는지 원장 수녀님 이하 수녀님들이 우리를 맞아 주셨다. 마콩 수녀원은 현대식의 자그마한 건물이었다. 저녁기도를 드리면서 보니 이 수녀원 성당에는 수도자석과 신자석 사이에 철창이 없고 대신 상징적인 울타리만 있다. 성당 내부도 상당히 밝았다. 수녀님들은 앞자리에 앉아 있는 동양인들이 신기한지 자꾸 쳐다보신다. 하기는 아르장탕 수녀원보다 이곳 수녀님들이 훨씬 나이가 많아 보였으니 이분들이 언제 동양인들을 구경하셨을까 싶다. 이분들은 아마 제2차 세계대전 중에 저 철창 안으로 들어가셨는지도 모른다. 입으로는 기도문을 따라 하면서 얼핏 한 노老수녀님과 눈이 마주쳤다. 수녀복만 벗으면 파파할머니이신 그런 수녀님이시다. 내가 활짝 웃었더니 그분도 웃으신다. 어린아이같이 천진한 웃음이다. 수도원 천장이 돔형이 아니라서 그레고리오 성가인 기도 소리는 아르장탕이나 솔렘만큼 아름답게 울리지는 않았지만, 나와 눈이 마주친 그 노수녀님의 미소 때문에 나는 마콩 수녀원이 좋아졌다. 사람을 향해 웃어 주는 것, 이보다 더 큰 기도가 또 있을까.

오른쪽 테제 가는 길에 들른 마콩 마을의 공동묘지

우리에게 프랑스 수도원을 하나라도 더 잘 보여 주시려는 올리비에 수사님의 친절로 우리는 그 지역 일대의 수도원에 모두 들렀다. 프랑스의 성당들은 대부분 프랑스혁명으로 한 번쯤 파괴되었단다. 이런 추세는 나중에 스위스의 불어권 지역도 예외가 아니었는데, 아마도 그 당시 수도자들 중에 봉건영주와 결탁해 민중의 원성을 산 수도자들이 많았을 거라는 생각도 든다. 어떤 종교든 그것이 융성하게 되면 꼭 그런 길을 걸나 보다. 우리나라의 경우 고려의 불교도 그런 폐단을 겪지 않았나.

하기는 종교뿐일까. 처음에는 신성하던 것이 세력을 얻고 나면 모두 본디의 그 뜻을 잃고 마는 것이 세상 이치인지 …. 써 놓고 보니 그게 어디 종교나 세력뿐이랴 싶다. 결국 사람이 그러한 건지, 하느님이 아담과 하와를 에덴에서 쫓아내신 게 어쩌면 사랑은 아니었을까? 그런 생각이 처음으로 들었다. 손수 옷을 지어 입히시고 앞으로 죽음과 노동과 출산의 고통을 예고해 주신 것이 사랑이었다는 그런 생각 …. 많은 것들을 가지고도 감사할 줄 모르는 인간에게 고통과 결핍은 가장 좋은 학교일 테니까. 안주하게 되면, 편안하게 되면 우리는 처음의 신성함을 잃고야 마는 그런 약한 존재일지도 모르니까 …. 프랑스혁명으로 파괴된 수도원들은 그래서 '낮은 곳으로 임하게' 된단다. 이후 1968년 혁명을 겪으면서는 진보적 색채의 수도원들도 출현하게 된다는 것이 이혜정 수녀님의 통역으로 들은 올리비에 수사님의 말씀이었다.

혁명, 사실 그것은 트로츠키의 표현을 빌리자면 "더 이상 가망이 없는 환자에게 가하는 치명적인 외과수술 같은 것"인지도 모른다. 프랑스의 요리가 맛있는 이유도, 유명한 레스토랑이 많은 것도 다 혁명 때문이라는 설명도 재미있었다. 궁중에서 왕과 왕비 혹은 귀족들을 위해 온갖 진미를 개발해 내던 요리사들이 프랑스혁명으로 일자리를 잃고 궁에서 쫓겨나 궁여지책으로 파리 시내에 레스토랑을 열게 되었고, 그래서 프랑스 요리는 그 이래로 세계에서 가장 유명하게 되었다는 것이다. 영국의 요리가 맛없는 것은 그 반대의 이유란다. '명예혁명'이라고 하지만 사실 그것은 혁명이 아니었던 모양이다. '혁명이 별것도 다 하네' 싶었지만 나는 혁명으로 흘러내린 붉은 피가 한때 이곳을 흘렀을지도 모른다는 생각을 하며 잠시 그곳에 서 있었다.

빗방울이 간간이 뿌리는 가운데 드디어 테제 공동체에 도착했다. 여기에 한국인 장 수사님이 계신다는데, 시간은 벌써 일곱 시 반을 넘어서고 있었다. 짐을 안내실에 맡겨 놓고 둘러보니 세계 각국어로 번역된 테제 공동체 안내서 중에 한국어도 보인다.

테제 공동체는 1940년 8월, 당시 스물다섯 살 난 스위스 개신교 목사의 아들 청년 로제가 이 테제라는 마을에 혼자 와서 정착한 것이 그 출발이었다. 그는 제2차 세계대전 중에는 이곳에 유대인들을 숨겨 주고 전쟁이 끝난 뒤에는 독일군 포로들을 돌봐 주었다고 한다. 돈도 조직도 아무것도 가진 것이 없었던 청년 로제에게 단 한 가지 있던 그것은, 전쟁의

테제 공동체 입구. 전쟁이 휩쓸고 간 이 세상에서 서로 화해하고 사랑하는 삶터를 만든다는 '꿈'으로 세워진 공동체

고난이 휩쓸고 간 이 세상에서 서로 화해하고 사랑하는 공동체를 세운다는 '꿈'이었다. 그는 처음 2년 동안 황량한 언덕에서 홀로 지냈다. 그러다가 개신교 신자들이 공동생활과 독신생활 안에서 일생을 봉헌할 것을 서약했다. 그 후 가톨릭 신자들이 입회하고 그리하여 오늘에 이르렀다고 한다. 현재 테제 공동체에는 25개국 출신 90명의 수사님들이 계시며 아시아, 아프리카, 남북아메리카의 가난한 지역에도 수사님들이 파견되어 있다. 우리나라의 경우 서울 화곡동에 수사님 다섯 분이 오셔서 공동체를 이루고 있다는 말을 듣기는 했다.

거대한 보이스카우트 야영장처럼 생긴 언덕에 밤비가 추적추적 내렸다. 춥고 을씨년스러운 날씨였다. 나도 피곤하지만 이혜정 수녀님이나 운전을 해 주신 올리비에 수사님은 얼마나 더 배고프실까 싶었다. 늦었지만 저녁을 먹을 수 있다는 말에 식당으로 갔다. 나무 의자가 놓여 있고 양은 들통이며 플라스틱 그릇이 보였다. 다가가 보니 감자 수프, 딱딱한 빵, 버터, 사과 한 개가 식사의 전부였다. 배가 몹시 고팠는데도 나는 그걸 다 먹을 수 없었다. 사실 이전 수도원에서 먹은 식사에 비하면 맛은 형편없었다. 그런데 올리비에 수사님은 수프와 빵 하나만 집으신다. 배고프시지 않냐고 물었더니 원래 저녁은 먹지 않는데 여기서 손님들하고 보조를 맞추느라고 잡수신다며 웃으신다.

이런저런 이야기를 나누는데, 시간이 없어서 지금 숙소를 배정받아

테제 공동체의 검소한 식사. 왼쪽이 올리비에 수사님이시다.

야 한단다. 비는 추적추적 내리는데 내게는 살이 부러진 우산 하나뿐이었다. 내가 짐을 나를 테니 리옹으로 돌아가시라고 해도 올리비에 수사님과 이혜정 수녀님은 나의 무거운 짐을 들고 따라오셨다. 평생을 살아도 수녀님 수사님들은 자기 소유라곤 성경책과 책, 그리고 옷 한두 벌뿐이라는데 한 달 여행하는 나는 뭘 이리 많이 넣었을까. 게다가 정작 필요한 우산은 하나뿐이고 살까지 부러져 비는 한쪽 어깨를 적시고 있다. 나는 무거운 내 트렁크가 미안하고 부끄러웠다. 꼭 필요한 우산이 살이 부러진 채인 것까지 내 인생하고 똑 닮았다는 생각까지 들어서였다. 불필요한 것은 많아 다른 사람들을 수고롭게 만들고, 필요한 것은 고장 난 그런 인생….

수사님은 비를 맞고 걸어오고, 살 부러진 우산을 이 수녀님과 내가 쓰고 숙소까지 한 20분을 걸어 올라갔다. 숙소 입구에서 어서 가시라고 해도 두 분은 막무가내시다. 8시 30분에 있는 저녁기도에 참석하고 가시겠단다.

프라이부르크Freiburg 일정을 맞추어 주실 분에게 아직도 전화를 드리지 못했다는 생각에 마음이 바빴다. 겨우 공중전화를 찾아 전화를 걸어 보니, 예상 외의 일이 한두 가지가 아니었다. 우선 거기는 남독일에 있는 프라이부르크가 아니라 스위스 불어권 지역에 있는 프리부르Fribourg 였고 시차를 생각하지 못한 내가 날짜를 하루 착각했던 것이다. 그쪽에서는 우리를 맞을 준비가 끝났다고 하니 내일 아침에 떠나야만 했다.

쉴 틈도 없이 저녁기도에 참석하러 갔다. 비는 한여름 장맛비처럼 계속 내리고 있었다. 춥고 적적하다. 나중에 생각해 보니 테제 공동체는 내가 유럽에서 돌아본 수도원 중에 제일 가난한 곳이었다. 어떤 기부도, 설사 뜻있는 상속도 받지 않는다는 원칙이 50년 동안 지켜지는 곳, 모든 비용은 참가자들에게 실비로 받는 숙박료와 수사님들의 노동으로 충당한다고 했다. 실제로 밤이 깊어 가는데 손수레 같은 것을 끌고 다니는 수사님들의 모습이 보였다. 서울에서 테제 공동체가 '빛과 소리로 마음을 움직인다'라는 원칙이 있다는 것을 알고 오긴 왔는데 막상 대성당에 들어가니 놀라운 광경이 펼쳐졌다. 수천 개의 촛불과 아름다운 기타 소리, 세계 각국의 젊은이들이 거대한 천막 같은 성당에서 제 나름대로 바닥에 앉거나 무릎을 꿇고 기도를 드리며 노래를 부르고 있었다. 기독교가 쇠퇴해 가는 유럽, 사람들은 일생에 세 번밖에는 성당에 가지 않는다고 했다. 태어나면 세례를 받으러 가고, 결혼식에 가고, 그리고 죽으면 …. 그런 유럽의 한복판에서 누가 준다는 돈도 안 받고 그래서 커다란 성당도 못 짓고 그러나 자유스럽고 아름다운 성당을 가진 테제 공동체. 그곳의 '화해의 성당' 입구에는 "여기 서 있는 그대, 화해하십시오"라는 말이 쓰여 있다. 그런데 여기 제각기 자유로이 털썩 앉아 있는 젊은이들의 얼굴은 스스로와도 도저히 화해할 수 없는 듯 그렇게 고뇌에 차 보였다.

나는 저 젊은이들의 앞날이 밝으리라 장담할 수 없다. 세상은 수도원이 아닌 것이다. 나 역시 다시 젊어지고 싶지는 않다. 젊다는 것은 인

거대한 천막 같은 성당. 수천 개의 촛불이 켜져 있고 아름다운 기타 소리와 노랫소리가 이어진다.

위 테제 십자가
가운데 성당 곳곳에 놓여 있는 이콘
아래 세계 각국의 젊은이들이 '화해의 성당'에서 제각기의 모습으로 미사를 드리고 있다.

간에게 주어진 형벌이라고 나는 아직도 주관적으로 생각하고 있다. 너무나 많은 가능성이 있다는 원칙과, 그것은 어디까지나 가능성일 뿐 우리가 택할 길은 몇 개 안 된다는 현실과의 괴리가 괴로운 것이다. "하느님 품에 안기는 날까지 우리는 방황하리라"라는 성 아우구스티노의 말을 노트에 적어 가지고 다니던 내 사춘기가 떠올랐다. 아니 한술 더 떠 괴테는 "모든 인간은 그가 노력하는 한 방황한다"고 『파우스트』에서 쓰기도 했다. 여기 모인 젊은이들은 아마도 노력하는 이들일 것이므로 더 방황할지도 모른다. 그걸 생각하니, 기도가 시작되고 음악이 울려 퍼지는데 머릿속으로 기도는 하나도 안 떠오르고 괜히 막막해졌다. 성당 밖에는 겨울밤을 타고 내리는 빗소리, 그리고 성당 안에는 고운 화음의 기타 소리, 노란 촛불은 혼자서 타오르고, 모여 앉은 젊은이들은 제각기 자기 속에 침잠해 있다.

기도 시간이 끝나고 밖으로 나오니 거짓말처럼 날이 개고 추운 하늘엔 별들이 떨고 있다. 이 수녀님과 올리비에 수사님도 기도를 마치고 나오셨다. 이제 다시 이분들은 이 밤을 달려 리옹으로 돌아가셔야 한다. 또 이별이었다. 당신들 갈 길이 먼데도 나보고 먼저 들어가라고 떠나지 않으신다. 이혜정 수녀님께 인사를 드리고 우리는 동시에 돌아서기로 했다. 테제는 산기슭, 날씨는 아주 추웠다.

다음 날 울리는 종소리에 맞추어 잠에서 깼다. 추위 때문에 잠을 잘 자지는 못했다. 창밖으로 손수레를 끌고 가시는 수사님들의 모습이 보인다. 짐을 대충 꾸려 놓고 방을 나오니 여름철에는 2만 명까지도 수용한다는 테제 공동체의 모습이 잘 보였다. 기차 시간을 알아보니 10시 10분, 버스를 타고 이곳을 나가야 했다. 아침 8시 15분 기도에 참석했다가 서둘러 짐을 끌고 밖으로 나와 식사를 하러 갔다.

아침 식사는 빵과 버터가 전부였다. 커피를 한잔 마시는데 누군가 다가와 "한국 분이시죠?" 한다. 돌아보니 한국 젊은이 두 명이 앉아 있었다. 스물네 살이라는 아가씨는 대학 4학년 휴학 중인데 로마를 여행하다가 테제라는 공동체가 있다는 말을 듣고 아무 망설임 없이 혼자서 이리로 왔다는 설명이었다. 내 나이 스물네 살 때, 나라면 이런 곳까지 혼자 올 엄두도 내지 못했을 것이다. 무서워서 말이다. 그런데 그녀는 담담하게 말한다. "유럽을 여행하다가 혼자 왔어요"라고.

만일 내가 그녀만 한 나이에 혼자 이런 곳까지 올 용기가 있었다면, 내 삶은 달라질 수 있었을까. 잘 모르겠지만 아니었을 거라는 생각이 든다. 망아지처럼 마음이 날뛰는 나 같은 여자를 이런 곳에 일주일 데려다 놓은들 고삐가 매어졌을까. 내게는 18년 동안의 긴 세월이 필요했다는 생각을 사실은 내내 하고 있었다. 돌아온 탕자의 비유처럼 가진 게 다 떨어져야 집 생각이 나는 법이다. 그 세월이 다 지난 후에야, 알량하게 가진 것을 다 탕진한 후에야 나는 스스로 내 코에 고삐를 맬 수 있었다.

그녀는 자기가 원래 신자였지만 오랫동안 냉담했는데 이번 유럽 여행에서 이상하게도 하느님께 다시 다가가고 싶더라고 담담하게 말했다. 그 곁에 앉은 남자는 신자는 아니고 그저 나이만 먹은 스물아홉 살인데 군대를 제대하고 2년 동안 세계를 떠돌고 있노라고 자신을 소개했다.

"2년 동안이나요?"

내가 물으니 그는 수줍게 웃는다.

"그럼 이제 한국으로 돌아가실 건가요?"

내가 묻자 그는 어두운 표정이 되더니 고개를 저었다.

"더 이상은 버틸 수 없을 때까지 떠돌고 싶어요."

떠돈다 … . 그가 떠돈다는 표현을 썼을 때 '대체 무엇이 저 사람을 저토록 떠돌게 할까?' 나는 잠깐 그가 안쓰러웠지만 이 세상에서 떠돌기는 누구나 마찬가지가 아닐까 싶어 더 이상 호기심 어린 표정은 짓지 않기로 했다. 떠돈다는 말 때문이었을까, 내가 좋아하는 창세기의 한 구절이 생각났다.

파라오가 야곱에게 물었다.

"얼마나 수를 누리셨소?"

"이 세상을 떠돌기 벌써 130년이 됩니다.

얼마 되지는 않으나, 살아온 나날이 궂은일뿐이었습니다."

- 창세 47,8(공동번역 성서)

130년을 살고도 얼마 되지 않았다는 것도 놀라웠는데, 그의 대답에서는 이 세상의 영욕을 모두 맛본 자의 깊은 피로와 쓸쓸한 신산함이 배어 있었다. 생각해 보면 성경에서 야곱처럼 패기만만하고 정열적인 인물이 또 있을까. 형 에사우를 따돌리고 아버지를 속여 장자권을 따낸 모략가에다가, 일하러 간 외삼촌 집에서 사랑하는 여자 라헬을 얻기 위해 속는 줄 알면서도 14년을 일해 끝끝내 그녀를 얻어 내고야마는 순정주의자에다가, 모두 네 명의 여자에게 아들 열둘을 얻은 정력가에다가, 소와 양을 불려 경영하는 사업가에다가 … 게다가 하느님의 천사와 끝까지 싸워 이스라엘이라는 이름을 얻은 투지의 사나이이기도 했는데 …. 그렇게 남들 못 누리는 것 누리고, 튼튼한 아들 열둘과 손자들을 거느리고 양과 소와 낙타가 넘쳐 나는 부자인 그가 파라오에게 담담하게 말하는 것이다. 이 세상을 떠돈 지 130년, 살아온 나날이 궂은일뿐이었다고.

　한국의 젊은이들과 헤어져 버스정류장으로 걸어오니 버스정류장에 남자 둘이 더 서 있다. 오늘 떠나는 사람들인 모양이었다. 스웨덴의 고등학교에서 과학을 가르치고 있다는 한 남자는 특별히 일주일의 휴가를 내어 벼르고 별러서 이곳에 왔다고 했다. 여기서 일주일을 지낸 느낌이 어떠냐고 물으니 "정말 원더풀한 곳"이란다. 버스는 안 오고 할 말도 없어서 바로 스웨덴으로 돌아가시느냐고 물었더니 "아니다. 여기서 파리로 가서 1박, 암스테르담에 가서 친구를 만나 1박 그리고 거기서 스웨덴으로 가서 마누라가 청소기 밀라면 밀고, 애들 목욕시키라면 시키고 개 운동시키라면 시킬 그럴 계획이다"라고 묻지도 않은 말을 한다. 그가 말을 마치자마자 그 옆의 남자가 말했다.

"당신은 꽤 원더풀한 인생을 살 계획을 가지고 있군요."

처음 만난 두 남자는 의미심장한 표정으로 죽이 맞아 죽겠다는 듯 웃는다. 둘 다 '우리의 인생이 이렇게 고달플 수가' 하는 표정이다. '테제에 와서 침묵 속에서 하느님을 일주일 만나고도 저런 말을 하며 웃다니 여기서 헛지냈나 보군. 사실 문제는 신이 아니라 신의 피조물인 사람이라는 것을, 그것도 아주 가까운 사람이라는 것을 아직도 몰라' 하는 생각이 절로 들어서 나는 그 이후 그 스웨덴 남자에게 쌀쌀맞아졌다.

스위스
프리부르

사람을 만나고
나를 만나다

세 번이나 유럽을 여행하면서 나는 한 번도 '사람들'을 만난 일이 없었다.
그러니까 내가 본 것은 사람 없는 풍경과 역무원들과 장사꾼들뿐, 사람은 없었다.
나는 이번 여행에서 비로소 '사람들'을 만나고 있는 것이다.

길 위의 성모 피정의 집

　　　　　　　　　　　스위스 프리부르에 도착하니 4시 15분, 어느덧 노을이 지고 있다. 스위스 프랑으로 환전을 하고 서울에서 얼굴을 뵈었던 최영심 화백이 일러 준 대로 '길 위의 성모 피정의 집'Notre Dame de la Route 루치아에게 전화를 걸었다. 전화를 받은 루치아는 택시를 타면 5분도 안 걸리니 그리로 오란다. 서울에서 팩스로 받은 약도를 들고 택시를 탔는데 "노트르담 드 라 루트" 하니 운전사는 금방 알아듣고 차를 출발시켰다. 정말 3분 정도밖에 걸리지 않았다.

　　예수회에 속한 '길 위의 성모 피정의 집'은 피정을 하는 곳이다. 그곳의 장 로제테Jean Rotzetter 신부님이 30년간을 가꾸어 온 농장과 함께 평화와 기도를 원하는 사람이면 종교를 불문하고 누구나 묵을 수 있단다. 짐을 풀고 숙소 여기저기를 구경했다. 내 글이 그 풍경을 다 말해 줄 수 없다는 것이 참 안타깝다. 숙소의 통유리창 밖으로는 흰 눈을 머리에 얹은 알프스가, 그리고 바로 앞에는 사과밭, 빨간 열매가 달린 사과나무 아래로 어미 양이 아기 양들을 데리고 저녁 산책을 하고 있었다. 일전에 융프라우를 여행하고 나서 비싼 물가와 불친절한 사람들 때문에 스위스에 대한 인상이 별로 좋지 않았던 나는 여기가 단박에 좋아져 버렸다.

저녁 식사를 하러 오라는 전갈을 받고 식당으로 내려갔다. 역시 통유리 창으로 알프스가 보이는 식당엔 맛있는 음식이 잔뜩 차려져 있었다. 저렴한 저녁 식사 비용에 포도주도 공짜란다. 식사를 시작하려는데 장 신부님이 들어오셨다. 만일 루치아 아주머니가 "이분이 여기 책임자이신 장 신부님이세요" 하지 않았다면 나는 아마도 길거리를 지나치는 할아버지쯤으로 그분을 알아 뵈었을 것이다. 작은 키에 마른 몸, 서두르지 않는 몸가짐에 작업복 차림의 장 신부님. 장 신부님은 우리와 함께 식탁에 앉아 독일어로 이야기를 나누셨다. 원래 여기는 불어권 스위스인데 그분들은 독일어도 유창하게 하고 영어도 했으며, 자기네들끼리도 뉘앙스가 맞지 않으면 불어로 말했다가 독일어를 했다가, 또 심심한 표정을 짓고 있는 나를 보면 얼른 영어로 말씀하셨다. 한 식탁에서 자유자

흰 눈을 머리에 얹은 알프스가 솟/솟이 톱유리차오를 내/나/비이다

재로 3개국어를 하다니 '참으로 대단한 사람들이다' 싶어졌다. 나는 유럽의 다른 지역에서와 마찬가지로 과묵할밖에.

식사가 끝나 갈 무렵, 장 신부님께서 저녁 미사가 있는데 불어, 독일어, 이탈리아어 미사가 있다면서 어느 미사에 참석하겠느냐 물으셨다. 어느 미사에 참석하든 모르긴 마찬가지이니 장 신부님이 집전하시는 미사에 가겠다고 했더니 그럼 독일어 미사에 오라고 하신다.

미사에 갔더니 소성당에 사람들이 게임이라도 하는 것처럼 둥글게 원을 지어 앉아 있었다. 장 신부님은 우리더러 당신 옆자리에 앉으라고 하신다. 이런 미사는 난생처음이었다. 제대도 없고 탁자에 포도주와 밀떡 몇 개가 놓인 접시, 각자의 손에 들린 성경책, 그게 다였다. 장 신부님은 우리와 똑같은 자리에 앉으셔서 천천히 미사를 집전하신다.

"여기 먼 곳에서 젊은이들이 우리를 찾아왔습니다. 이들은 여기서 자고 나면 또 다른 곳으로 간다고 합니다. 나그네들인 거지요. 하기는 예수님도 나그네였고 인생에서 나그네가 아닌 사람이 있을까요. 예수님은 우리에게 무슨 마술을 부리라고 하시지도 않았고, 우리에게 뭐 대단한 사랑을 하라고 하신 것도 아니고, 다만 이렇게 나그네들을 잘 대접하라고 하셨을지도 모릅니다. 그것이 당신의 사랑을 실천하는 길이라고 …."

낮고 느린 신부님의 음성이 들려왔다. 길지도 않았고, 거창하지도 않았고, 뭐 별다른 메시지도 없었다. 그런데 그 느릿느릿한 말투가, 나그네라는 단어가 나를 이상한 평화 속으로 안내했다. 말하자면 어떤 산사의 사랑방에서 노스님의 느릿한 설법을 듣고 있는 듯한 편안함 속으로 나를 이끈 것이다. '내가 나그네였구나' 하는 생각도 새삼 들었다. '길 위의 성모 피정의 집'이라는 이름은 괜히 지어진 것이 아닌가 보다. 강론이 끝나고 성체성사 시간이 되었을 때 장 신부님은 일어서서 밀떡이 담긴 접시를 들어 당신이 하나 영하시고는 옆 사람에게 내밀었다. 원래 가톨릭에서 성체는 아무나 만지면 안 된다고 들었는데 '이래도 되나' 싶은 생각이 들었지만 나는 성체를 모시고 옆 사람에게도 내밀었다. 바라보니 사람들 모두 서로에게 성체를 전하고 탁자에 놓인 포도주 잔을 돌려 가며 알아서 나누어 마시고 있었다. 강론보다, 알 수 없는 독일어 미사보다 그 평등하고 느긋하고 평화로운 분위기가 나를 감동시켰다. '이럴 수도 있구나' 싶어서였다. 아마 어쩌면 초기 기독교의 미사는 이런 분위기였을지도 모른다. 함께 앉아, 함께 자유롭게 나누는 그런 미사.

'처음'이라는 단어의 신성함을 나는 아직도 좋아한다. 성경도 "한처음에"라는 단어로 시작한다. 한때 불교 공부를 하다가 『초발심자경문』을 보고 한참을 멍청하게 있었던 생각도 났다.

예를 받는 부처님이나 예를 하는 그대 자신이나 모두 참된 성품의 연기법緣起法으로부터 시작되었다. 몸과 마음으로 그것을 감응하라. 진리는 그대의 그림자와 메아리이다.

'몸과 마음으로 우주에 감응한다. 그것이 진리임을 안 순간, 진리는 그대의 그림자이고 메아리임을 알게 된다.' 그 무렵, 나는 산사를 떠돌았다. 산사 입구에서 성우가 읊조리는 불경 테이프를 사서 운전할 때마다 그것을 들었다. 혹시나 여기에 길이 있지 않을까, 무언가, 나를 인도해 줄 그것이, 꼭 집어서 무엇인지 알 순 없지만, 그래도 내 영혼을 환히 비춰 줄 그 무엇이 …. 그건 이십 대의 나 같았으면 어림도 없는 일이었다. 이십 대의 나는 아는 게 많은 사람이었기 때문이다. 그러나 삼십 대가 되자 이십 대에 알던 모든 것이 모르는 것으로 변해 버렸다. 처음부터 모른다고 생각하는 것과는 달리, 알기는 알던 것이 모르는 것으로 변해 버리는 상황은 참을 수 없었다. 자존심이 상하는 것 같았고 이대로 모르는 채로 흘러가게 내버려 둘 수는 없다는 생각이 들었다. 그러니 무엇이든, 그게 무엇이든 붙잡아야 했다. 그렇게 가없이 손을 내밀고 마음을 내밀고, 하지만 '알 것 같다'라고 생각하는 순간 내가 알 것 같았던 그것은 환영처럼 사라졌다. 그래도 나는 다시 일어서서 길을 떠났다. 그 악착스러움은 지금 내가 생각해도 자신에게 신물이 날 만큼 집요한 것이었다. 대체 인생에서 뭘 바라는 거니? 누군가 비아냥거리는 소리가 마음 한편에서 웅웅거렸다. 하지만 이대로 엎어져 있을 순 없다고, 내가 살아야 하는 이유를 찾고 싶다고, 내가 왜 태어나 이렇게 밖에는 살 수 없는지 그걸 밝히고 싶다고 …. 그렇게 다시 일어날 때마다 상처 자국을 가리기 위해 가면을 쓰면서, 가면 위에 가면이 덧씌워지고, 그 위에 다시 가면을 씌우고, 그리하여 나조차도 내가 누구인지 알 수 없어져 버렸다. 그렇게 떠돌다가 나는 엎어져 버린 것이었다.

내가 졌습니다! 항복합니다! 항복 … 합니다, 주님.

미사가 끝나고 나니 루치아 아주머니가 와서, 장 신부님이 내게 맥주를 한잔 사시겠다고 한단다. 고맙다고 말하자, 장 신부님이 특별히 내게 이곳에 머무르는 동안의 숙식비를 선물로 주시겠다는 것이었다. "아니에요"라는 소리가 절로 나왔다. 그러자 루치아 아주머니가 웃으신다.

"그건 장 신부님의 기쁨이니 그렇게 하도록 하세요."

나는 카페로 따라갔다. 마른 체구에 까무잡잡한 얼굴을 한 씩씩한 아주머니가 우리 일행을 보더니 이리로 오라고 손을 들었다. 퇴임한 간호사 출신의 알리 아주머니란다. 루치아 아주머니가 맥주를 날라 오자 알리 아주머니가 한마디 거든다.

"이거 카디널 맥주거든, 그러니까 우리 가톨릭 신자들의 맥주라는 거야. 자, 건배!"

카디널이란 단어에는 추기경이라는 뜻이 있으니 그럴 수도 있겠다 싶어 웃음이 나왔다. 맥주가 다 비워지자 신부님은 자신이 담근 술을 내오셨다. 주둥이가 작은 호리병 속에 커다란 서양배가 들어 있는 배 술이다. 배 대신 작은 새가 들어 있다면 영락없이, 불교의 화두로 써도 되겠다. 왜 김성동 작가가 쓴 『만다라』라는 소설에 그 화두가 나오지 않는가.

길 위의 성모 피정의 집에서 만난 사람들. 장 신부님과 루치아 아주머니.

'병 속의 새를 어떻게 꺼낼 것인가' 하는 것 말이다. 어떻게 이 배를 넣으셨느냐고 물으니 루치아 아주머니가 맞혀 보란다. 옆에 앉은 대학 1학년 여학생이 설명을 했다. 이건 봄에 배가 아주 어릴 때 병에다 넣고 실을 묶어 키운 거라고 말이다. 말을 들으니 '아아, 그렇구나' 했지만, 이 유머러스한 술을 위해서는 봄과 여름과 가을, 그리고 노동과 계획과 그런 것들이 필요했던 것이다. 이 단 하나의 유머를 위해서 …. 언뜻 보면 나고 살고 죽는 생의 단순함은 사실은 이런 복잡한 계획과 복선을 필요로 하는지도 모른다.

분위기는 거나해져 가고 장 신부님은 한낮의 노동 때문에 피곤한 표정이신데도 가서 포도주를 더 내오셨다. 이건 완전히 짬뽕이다. 루치아 아주머니는 여기서 만든 커다란 치즈를 내오시고, 나는 고향에 온 듯한 기분이었다.

잠시 후, 장 신부님께서 내가 이번 기행을 떠나오게 된 배경을 물으셨다. 어떻게 그걸 이 짧은 순간에 다 설명할 수 있을까. 그러자 내가 좋아하는 욥기의 말로 대신할 수 있지 않을까 하는 생각이 들었다.

> 밑으로 뻗은 그의 뿌리는 마르고
> 위로 뻗은 그의 가지는 시들며
> 땅 위에는 그를 아는 자 하나 없고
> 오가는 행인 중 그 누구도 그의 이름을 모르게 되리니

환한 데서 어두운 데로 밀려나
땅에서 아주 쫓겨나리라
- 욥 18,16-18(공동번역 성서)

처음 성경을 펴 놓고 이 구절을 읽어 내려가다가 내가 꼭 이 모양이 었구나 싶어져 눈물이 핑 돌았던 기억 …. 그러나 그걸 어떻게 다 말씀드릴 수 있을까. 나는 그저 간단하게 이번 기행의 취지를 잠깐 말씀드리고 사실 프리부르에 온 이유는 유럽에서 가장 가난하다는 시토회 오트리브 수도원을 취재하기 위해서라고 말씀드렸다. 그러자 씩씩한 알리 아주머니가 나서서 "우리 여자들은 남자 수도원에 가서 별로 배울 게 없으니 여자들의 수도원을 가 보아야" 한단다. 페미니스트시냐고 물으니, 원래는 아니었는데 살다 보니 그렇게 됐다고 했다. 우리는 모두 웃었다. 아니, '스위스에서도 살다 보면 여자가 페미니스트가 되고 싶어지나' 놀라고 있는데 프리부르 대학에서 역사를 전공한다는 여학생까지 고개를 끄덕인다. 아랍이나 아프리카에서 여자로 태어나지 않은 것은 감사했지만 그래도 '하느님 저 유럽쯤에 태어나게 해 주시지 그랬어요, 우리나라 남자들 너무 싫고 호주제도 너무 싫고'라며 기도했던 나는 놀라지 않을 수 없었다. 살다 보면 여자들은 누구나 페미니스트가 되지 않을 수 없다니, 이 세계 1등 인권 국가 스위스의 여성들 입에서 그런 말이 나오다니 ….

밤이 깊어 가는데 3개국어로 제각기 떠드는 우리는 무척이나 즐거웠다. 그럼 내일 오트리브에는 어떻게 가야 하냐고 물었더니 여기서 한 30킬로미터 떨어진 곳에 있는데 살살 걸어가라며 웃으신다. 새벽 한 시가 넘어서 숙소로 돌아와 '정말 내일 어떻게 하는 거지, 오트리브 수도원은 꼭 가 봐야 하는데 정말 살살 걸어갔다 오라면 어떻게 하지' 싶었다. 하느님께서 어떻게 해 주시겠지, 뭐.

아침에 일어나니 구름 한 점 없는 화창한 날씨였다. 오랜만에 보는 화창한 날씨란다. 아침 식사를 하러 내려갔더니 루치아 아주머니가 활짝 웃으며 아침 인사를 건넨다. '루치아'라는 이름답게 그녀는 이 집의 빛 같았다. 그녀는 이 피정의 집에서 안살림을 맡고 있는 모양인데, 날씨가 좋다고 핑크빛 반소매 스웨터를 입은 모습이 천진한 소녀 같다. 원래 그녀는 가톨릭 신자도 아니었고 다만 이 세상을 비관하던 젊은 여자였다고 어제 내게 말했다. 스물 몇 살 무렵, 한 번의 자살 기도를 한 경력도 있다고 했다. 그러던 어느 날 이 피정의 집에 왔는데 장 신부님이 한번 같이 일해 보지 않겠느냐 제의를 했단다. 죽거나 그러거나 둘 중 하나를 하지 않으면 안 될 것 같아 이 집에서 일하기 시작한 지 벌써 30년이라고 하셨다. 그런 루치아 아주머니의 표정도 아르장탕 수녀원의 수녀님들처럼 밝았다. 다른 점이 있다면 루치아 아주머니는 몸매가 통통하고 넉넉했고 철창 속의 수녀님들과는 다른 따뜻함을 지니고 있었다는 것이다. 라틴어로 '빛'이라는 어원을 가지고 있는 루치아라는 이름 때문일까.

프리부르

　　　　　　　　　　루치아 아주머니는 우선 시내에 나가 프리부르 구경을 하고 오라고 했다. 그리고 돌아와 점심 식사를 하고 나면 될 거라며, 아무 걱정 말란다. '기껏 프리부르 시내 구경하자고 여기까지 온 거 아닌데' 싶으면서도 아침 식사를 마치고 떠밀리듯 길을 나섰다.
　　가벼운 배낭을 하나 꾸려 안내실을 지나려는데 한 청년이 다가오더니 내게 12장짜리 버스표를 건넸다. 장 신부님이 아침 일찍 일하러 나가시면서 버스표를 끊어 주셨단다. 나는 잠시 말문이 막혀 그 자리에 서 있었다. 일흔이 다 된 신부님이 어제 우리와 함께 밤늦도록 술을 드시고, 아침 일찍 들판에 일하러 나가시면서 이런 작은 일에까지 신경을 써 주시다니 …. 버스정류장까지 걸어가는 길은 아름다웠다. 서양 사람들이 우리보다 키가 크듯이 우리나라 가로수보다 키가 큰 플라타너스에는 아직도 낙엽들이 지고 있고, 정갈한 보도와 멀고 큰 알프스를 배경으로 한 나직나직한 하얀 집들. 아니, 아름다운 풍경이라면 나는 다른 곳에서도 많이 보았다. 그런데 오늘 이 길은 특별히 아름다웠다. 멀리 흰 눈이 덮인 이마를 드러내고 있는 알프스도 예전에 내가 보았던 바가지가 판치던 그 알프스가 아니었다. 엄밀히 말하면 알프스에서 이전에 내가 겪었던 일을 바가지라고 말하기는 힘들다. 이곳은 세계에서 둘째가라면 서러워할 만큼 잘사는 나라이고, 이들 수준에서 보면 비쌀 이유도 없을지 몰랐다. 하지만 겨우 손바닥만 한 샤워실 있는 방이 35만 원, 라면 한 그릇에 2만 원은 좀 너무하지 않을까. 그때 알프스는 내게 그저 관광객들의 돈을 긁어내 쌓아 올린 돈덩어리처럼 보였다. 그런데 오늘 프리부르 '길 위의 성모 피정의 집'에서 바라보는 알프스는 그 알프스가 아니었다. 사람들의 마음이 풍경을 아름답게도, 그렇지 않게도 할 수 있는 것이다. 저 유명한 알프스의 풍경까지도.

일전에 달라이 라마의 인터뷰를 본 일이 있었다. 서방에서 온 어느 기자가 물었단다. "종교란 무엇입니까?" 달라이 라마는 조금의 망설임도 없이 간결하게 대답했다고 했다.

"예, 종교란 친절한 마음입니다."

또 한 일화가 생각난다. 7년 전쯤이었던가. 선배와 나는 해인사 여름 수련원으로 떠나기로 하고 서울에 계신 조계종 스님에게 허가를 받아 냈다. 해인사라면 유명한 절이니 그냥 지도만 가지고 떠나도 됐는데, 떠나기 전날 집으로 팩스가 한 장 도착했다. 잘 다녀오시라는 간단한 인사와 함께 해인사로 가는 길의 약도가 상세히 그려진 편지였다. 나는 운전을 하고 선배는 그 약도를 읽어 주고, 그러니까 '구미 인터체인지를 지나 다음번 국도로 우회전하십시오. 우회전한 다음 3킬로미터쯤 가면 ○○상회가 나오는데 약간 작은 골목이지만 그리로 들어가 큰길을 만나거든 거기서 주유소 쪽으로 좌회전하십시오. 비보호로 좌회전을 하니 특별히 조심하셔야 합니다' 이런 빽빽한 편지였다. 그 편지에 쓰인 대로 길을 가다가, 기독교 신자인 선배가 문득 말했다.

"얘, 이런 걸 보고 불심佛心이라고 하나 보다 …."

감사한 심정으로 버스표를 받아 들고 시내로 나갔다. 신부님이 일러 주신 대로 시청 앞에서 내렸다. 게르만과 라틴, 독일어권과 불어권의 접경에 자리한 프리부르는 정말 아름다운 도시였다. 이렇게 아름다운 도시가 어떻게 우리나라 관광 책자에 나와 있지 않은지 신기할 정도였다.

프리부르 시내의 풍경. 게르만과 라틴, 독일어권과 불어권의 접경에 자리한 아름다운 도시다.

_ 사람을 만나고 나를 만나다

아름다운 프리부르 시내의 작은 골목

중세의 영화를 찍는다 해도 전혀 이상하지 않을 만큼 보존이 잘되어 있었고, 깨끗하고 작았으며, 그리고 친절했다. 세 시간을 걸어 다니면서도 전혀 다리가 아픈 줄 모를 정도로 시내 곳곳은 유적으로 가득했다.

생 모리츠 st. Moritz 성당 앞이었을 거다. 웅장한 성당이 있기에 문을 밀어 보았더니 잠겨 있었다. '하는 수 없지' 하고 돌아서는데 어떤 중년 여자가 다가오더니 "이 성당 보실래요?" 한다. 얼결에 그러겠다고 했더니 성당 사무실로 우리를 데려가 사람들에게 인사를 시켰다. 우리는 계속 얼떨떨한 기분으로 그들과 인사를 나누었다. 어떤 남자분이 내려오더니 예수님의 얼굴이 찍힌 상본을 선물이라고 주신다. 그러고는 잠긴

프리부르 거리 어느 집의 벽 장식이 아름답다.

위 생 모리츠 성당 내부의 복도
가운데 생 모리츠 성당의 발코니
아래 생 모리츠 성당의 고해소

성당 문을 열어 주며 천천히 구경하라고 하신다. 한 10여 분 동안에 일어난 일이라 어리둥절할 수밖에 없었다.

성당 안으로 들어가 안내문을 읽으니 이 성당 안의 벽화는 거의가 16세기의 것이란다. 성모상에도 금이 씌워져 있으니 문을 잠가 놓은 이유를 좀 알 것 같기도 하다. 돈 많은 귀족의 호사가 느껴지는 성당 …. 고맙다는 말을 하고 성당을 나오니 화장실이 가고 싶어졌다. 「로미오와 줄리엣」에 나오는 듯한 돌계단이 이어진 곳에서 화장실이 있을까 싶어 당황스러웠는데 모퉁이를 도니 화장실이 나왔다. 유럽을 여행해 본 분들은 알 것이다. 유럽에 가면 화장실 가기가 얼마나 힘든지. 그 큰 프랑스 동역에서도 한 개밖에 없는 화장실 때문에 얼마나 고생을 했는데 이게 웬일이야 싶었다. 게다가 이 화장실은 무료이다. 아무래도 설마 했던 생각을 발설해야겠다는 생각이 들었다. "아무래도 이상해. 가는 곳마다 날씨가 좋고 망설이고 있으면 누군가가 오잖아. 와서 안내해 주고, 화장실 가고 싶다 생각하면 화장실이 나타나고 …. 하느님이 이렇게 자상하신 분이라고. 이제 봐, 남은 기간 동안 이보다 더한 우연을 보게 될 거야. 바로 그게 하느님의 손길이라는 걸 느끼지 않고는 못 배길 거라고."

나는 약간 나사가 빠진 할렐루야 아줌마처럼 내내 그렇게 중얼거리고 있었다.

메그로주 수녀원
그리고 오트리브 수도원

점심 식사를 하고 있는데 장 신부님이 작업복 차림으로 들어오셨다. 아까 시내를 구경할 때 산 화분과 한국에서 가져간 노리개를 선물로 드리니 정말 고맙다시며 이리저리 다른 사람들에게 자랑을 하셨다. 잠시 후, 동양 사람들 한 가족이 작업복 차림으로 들어섰다. 원래 베트남 사람들인데 보트피플로 프랑스에 와서 너무나 고생하다가 우연히 장 신부님을 만났고, 그래서 한 가족이 모두 이리로 와서 일한다고 했다. 그들은 우리에게 인사를 건네고 맛있는 점심을 함께 먹었다.

이상한 말 같지만 나는 음식을 함께 먹지 않는 사람들을 믿지 않는다. 학생들과 같은 음식을 나누지 않는 교장선생님, 목사님들 혹은 신부님들, 그도 아니면 사장들 …. 예수님이 제자들하고 따로 떨어져 기도를 했다는 구절은 읽었지만 따로 떨어져 혼자 음식 맛있게 잡수셨다는 기록은 못 보았다. 그분이 처음 행하신 기적도 술이 떨어져 민망한 집주인을 위해 어머니 마리아가 걱정하는 것을 헤아리셨기 때문이었으며(예수님이 술이 떨어져 아쉬워하는 사람들의 심정을 잘 이해하셨다는 게 나는 참 좋다! 그만 마셔야 하는 줄 알면서 더 마시는 내 심정도 헤아려 주실 것 아닌가!), 5천 명을 먹이신 기적도 그분이 기적을 보여 주려 작정해서가 아니라 그곳이 외딴 곳이고 시간도 이미 늦었기에 배를 주린 채 집으로 돌아가야 하는 사람들을 안쓰럽게 여기셨기 때문이라고 나는 생각하고 있다. 그러니 당신이 광야에서 시험받으실 때 그 배고픈 와중에 자신을 유혹하는 사탄더러 "사람은 빵만으로 살지 않고 하느님의 입에서 나오는 모든 말씀으로 산다"라고 말씀하실 때 얼마나 힘드셨을까. 그런데 현대의 성직자들은 예수님을 닮기는 닮은 것 같다. 굶주려 우는 사람들에게, 자기 먹을 것을 빼앗긴 사람들에게 "사람은 빵만으로 사는 것은 아니다"라고 말하는 사람을 여럿 보았기 때문이다. 막상 예수님은 군중을 이해하시지 않았나 싶다. 먹고 마시는 일의 중요함을, 고단한 민중이 일상에서 함께 음식을 나누는 위로를 …. 날은 맑아서 알프스의 흰 봉우리는 선명하고 베트남 출신 인부 가족과 함께 식사를 하는 장 신부님을 바라보고 있노라니 나는 오늘밤

이곳을 떠나기가 싫어졌다.

'루치아 아주머니처럼 나도 한때 세상을 버리고 싶었습니다. 한때 나도 모든 것을 잃었다고 생각했고, 나를 아는 모든 사람을 두려워하며, 내 삶을 증오하고 스스로를 한 마리의 벌레처럼 여기던 시절이 있었습니다', 고해하고 싶었지만, 나는 묵묵히 점심을 먹었다.

점심을 먹고 나니 알리 아주머니가 와서 빨리 출발하자고 했다. 어디로 가느냐니까 오트리브 수도원에 데려다주는 대신 자기가 원하는 여자 수도원을 꼭 봐야 한다고 했다. 주차장으로 나가니 낯선 사람이 서 있다. 한 170센티미터는 될까, 장신의 일본 여성이 서 있다. 알리 아주머니에게 물으니 내 귀에 대고 "어제 여기 피정의 집에 도착한 여성인데 고민이 많은 것 같아서 무작정 같이 가자"고 했단다.

차를 타고 가면서 일본 여성과 이야기를 나누었다. 그녀는 일본 도쿄 출신의 미야자키 요에宮崎陽江로, 현재 제네바 오케스트라에서 바이올리니스트로 있다고 했다. 가톨릭 신자는 아닌데 자신이 요새 힘들어하니까 아는 언니가 이곳에 가서 생각을 좀 해 보라고 해서 어제 여기에 도착했단다. 무슨 문제가 있느냐니까, 그냥 많은 문제가 있단다. 그녀는 스물여섯 살. 내가 "많은 문제가 있겠군요. 결혼을 할 것인지 말 것인지, 부모님의 뜻에 따를 것인지 말 것인지, 바이올리니스트로 그냥 이렇게 직업을 가지고 말 것인지 아닌지" 하자, 어떻게 그렇게 잘 아느냐고 놀라 되묻는다. 사실 스물여섯 살 여자의 문제를, 스물여섯 살을 경험한 내가 왜 모르겠는가. 그 시절 차를 타고 지나가다 담 위에 붉은 줄장미가 핀 것만 봐도 눈물이 나왔는데…. 내 친구는 이른 봄 풀밭에 보랏빛 제비꽃 핀 것만 봐도 울었다고 했던가…. 나는 그냥 웃었다.

알리 아주머니의 차 역시 작은데 운전은 이 신부님이나 올리비에 수사님 못지않게 거칠다. 운전이 거친 게 좀 미안했는지, 친구들이 자신을 부르는 별명이 사실은 '파르티잔'partisan이라며 웃는다. 역시 어느 나라나 친구들의 눈은 속일 수가 없나 보다.

드디어 시토회 메그로주 수녀원Abbaye de la Maigrauge에 도착했다. 알리 아주머니는 메그로주 수녀원에 대해 자랑이 대단하다. 이 수녀원은 1848년 프랑스혁명 때도 아무도 쫓겨나지 않았을 만큼 낮은 사람들과 함께 있었다고 했다. 그에 비해, 내가 가려고 벼르는 오트리브 수도원은 모두 쫓겨났다가 나치 시대에야 겨우 다시 문을 열었다고 했다. 유럽의 가장 가난한 수도원을 보려고 서울에서부터 기대하고 온 오트리브 수도원에 대한 생각이 알리 아주머니의 힘찬 웅변 덕에 자꾸만 시드는 느낌이었다. 오스트리아의 경치 좋다는 수도원도 다 마다하고 가난한 수도원을 찾아 일부러 이곳 스위스까지 비싼 물가를 감수하며 찾아왔는데, 혁명 때 폐쇄당하고 나치 때야 다시 문을 열었다니…. 말이 안 된다 싶어지면서, 나도 별로 기분이 좋지 않았다.

　별로 기대를 하지 않았는데, 황갈색 벽돌 건물의 아름다운 수도원이 나타났다. 들어가니 기도 시간이 시작되었다. 신자들의 모습도 몇 명 눈에 띄었다. 역시 그레고리오 성가로 부르는 기도가 시작되었다. 시토회는 베네딕도회와 거의 규칙이 같고 이름은 다르다고 들었는데 그런 것 같기는 하다. 떠나기 전 서울에서 이번 여행에 많은 도움을 주신 최영심 화백의 시원시원하고 간단한 설명을 곁들이자면, 베네딕도회가 처음 취지와는 달리 자꾸 화려해지고 부자가 되는 것을 경계해 떨어져 나온 것이 시토회였다고 한다. 베네딕도회 수도원이 주로 산이나 언덕 위에 높게 군림하듯이 서 있는 것도 싫어서 시토회 수도원은 주로 골짜기 깊숙한 곳에 있다고 한다. 나중에 시간이 가고 시토회마저 부귀와 영화를 누린다고 생각한 사람들이 다시 떨어져 나와 청빈을 강조하며 세운 것이 트라피스트 수도회라고 한다. 그래서 그런지 시토회 메그로주 수녀원도 산기슭을 돌아간 곳에 숨어 있다.

　기도가 시작되고 다른 수녀님들은 다 각자 자리에서 앉았다 일어섰다 하며 기도하고 계시는데, 젊고 앳된 수녀님이 천장에서 내려온 줄 하나를 붙들고 서 있는 게 눈에 띄었다. 꼭 벌 받는 하급생 같았다. 그런데 기도의 어느 부분이 끝나자, 어린 수녀님이 그 줄을 잡아당긴다. 그러자 먼 곳에서 종소리가 울려 퍼졌다. 수녀님들이 동아줄처럼 붙들고 선 줄을 따라 올려다보자 천장에 조그만 구멍이 뚫려 있다. 아까 밖에서 건물

메그로주 수녀원 앞 전망대. 황갈색 벽돌 건물이 아름답다.

위로 고전 종탑이 있는 걸 봤는데 거기서부터 구멍을 뚫어 줄을 연결해 놓은 것이다. 원시적이어서 거짓이 없는 종소리는 멀리멀리 퍼져 나간다….

민중과 그토록 가까워 유럽의 전 수도원이 파괴되는 와중에도 수녀님들이 한분도 쫓겨나지 않았던 그런 수도원의 전통 때문이었을까. 메그로주 수녀원 내부에는 놀라운 예술품이 많이 있었다. 나는 그 조각품들에서 문득 미륵을 기다리는 우리나라 조각상들을 떠올렸다. 균형도 잘 안 맞고 그리 훌륭하지도 않은, 그러나 그 조각들에는 사람을 감동시키는 무엇인가가 분명 있었다. 어찌 보면 미륵상 같기도 하고, 어찌 보면 하회탈 같기도 한 얼굴들이 여기저기에서 그 당시 사람들의 마음을 간직한 채 서 있었다. 그리고 보니 아까 이곳으로 걸어오는 길모퉁이마다 작은 성모상이 서 있고 그 앞에 작은 꽃다발이 있었던 것이 생각났다. 더욱 놀라웠던 것은 그 앞에 우리나라 산사에 가면 그렇듯 돌무더기가 쌓여 있는 것이었다. 왜 있지 않은가, 약간 큰 돌에서 작은 돌까지 지나가는 사람들이 소원을 빌며 정성껏 올려놓는 그런 작은 돌무더기. 서양이나 동양이나 기독교를 믿거나 불교를 믿거나 생은 고달파서 골목길 모퉁이마다 돌을 올려 가며 기도하지 않으면 안 되는 것인지.

저쪽 구석에 파안대소하는 십자가의 예수상이 있었다. 십자가에 못 박힌 채 가시관 쓰고 파안대소하는 예수, 석가모니처럼 미소 띤 얼굴도 아니고, 지식인들처럼 조소하는 얼굴도 아니고, '하하하' 웃음소리가 금

왼쪽 천장에서 내려온 줄 하나를 붙들고 서 있는 수녀님의 모습. 기도가 끝나고 줄을 잡아당기면 원시적이고 거짓 없는 종소리가 멀리 퍼져 나간다.

방 들릴 것 같은 예수 …. '왜'라는 생각이 머릿속에 떠올랐다. '왜 하필이면 저렇게 웃는 예수상을 조각했을까?' 나는 머리를 얻어맞은 것처럼 그 자리에 얼어붙은 듯 서 있었다. '저럴 수 있구나! 유럽 도처에 피 흘리는 예수상이 서 있는데, 웃는 예수님이라니.' 이건 파격이고 이건 해탈 가까운 것 아닐까 싶어졌다. 저건 어느 이름 없는 수녀님, 혹은 이름 없는 수사님, 혹은 마을의 가난하고 신실한 목공의 작품일 거라는 생각이 밑도 끝도 없이 들었다. 설명서를 읽었다. 이 작품은 종교개혁의 광풍이 이곳 스위스에 몰아치던 때 만들어졌다. 스위스라면 칼뱅Calvin의 종교개혁이 엄혹하던 땅으로 나는 기억하고 있다. 전통은 거부되고 새 질서는 아직 자리 잡지 않은 곳에 몰아치던 독재에 가깝던 칼뱅의 통치 기간에 대해 츠바이크Zweig가 쓴 책을 재미있고 놀랍게 읽었던 기억이 아직도 남아 있으니까. 그런데 그 엄혹한 혼란의 와중에 이 사람은 왜 예수님을, 저렇게 웃는 예수님을 조각했을까? 나는 왜 그런지 알 것 같았다. 고통이 극에 달하면 벗어날 방법은 아마도 별로 없을 것이다. 미쳐 버리든지 해탈하든지 …. 이 조각상의 작가도 미쳤거나 해탈했거나 둘 중의 하나라는 생각이 들었다. 스님들이 해탈하면 부처가 되지만 그리스도인이 해탈하면 하느님을 만난다. 고통의 극에서, 아마도 꿈이나 환영 속에서 그는 이렇게 웃는 예수님을 만났을지도 모른다. 예수님은 괴로운 그에게 말씀하셨는지도 모른다. '괜찮다. 자 들어 봐라, 내 웃음소리를. 잘 봐, 내가 웃는 모습을. 이제 좀 위로가 되니?' 하고.

웃고 있는 예수상

아마도 균형도 맞지 않는 이 조각을 만든 사람은 가난하고 배우지 못한 사람이었을 거라는 생각이 들었다. 미술을 제대로 공부했다면 이렇게 소박한 얼굴은 나오지 못했을 테니까. 가난한 것도 배우지 못한 것도 사실 그 자체로는 하나도 좋을 일이 아닌 것이지만, 지식인들은 결코 알아내지 못하고 그들만이 보는 단순한 직관의 신비를 나는 믿는다. 그런 역설이 벌어지기에 하느님이 계신다고 나는 믿고 있으니까.

메그로주 수녀원은 웃는 예수님상 하나로도 내게 스위스에 온 보람을 느끼게 해 준 곳이었다.

수녀원에서 나와 그곳에서 10분 정도 떨어진 시토회 오트리브 수도원 Abbaye d'Hauterive 으로 떠났다. 오트리브는 메그로주와는 비교가 안 될 정도로 컸다. 가난하다는 것에 그토록 기대를 걸었건만 규모는 크고 정원은 궁전처럼 정돈이 잘되어 있으며, 그리고 문이 닫혀 있었다. 알리 아주머니는 내가 가난한 오트리브를 보러 왔다니까, 남독일과 스위스 그리고 오스트리아에서는 아예 가난한 수도원을 찾을 생각을 말라고 했다. 맥주와 포도주를 만들고 거대한 땅을 가진 수도원이 가난할 이유가 없단다. 독실한 가톨릭 신자이면서도 가톨릭의 권위와 수도원의 부에 대해 신랄함을 감추지 않는, 그러나 신앙심 깊은 알리 아주머니 ….

오트리브 수도원의 지붕 곡선은 우리 버선코처럼 섬세하고 정원은 조용했다. 봉쇄수도원, 저 안에 계신 수사님들은 이 지붕의 곡선을 보지

오트리브 수도원의 정원

못한 채 조각 창으로 비치는 하늘과 창문을 스치는 바람결, 그런 것에 의지해 하느님을 찾고 있을 것이다. 하느님은 하늘에도 있고, 나뭇잎 하나 무심히 내버려 두지 않는 바람결에도 있을 테지만, 무엇보다 각자의 마음속 깊이 있을 테니까.

오트리브 수도원 전경. 지붕 곡선은 우리 버선코처럼 섬세하고 정원은 조용했다.

말똥을 가득 실은 수레를 끌고 수사님 한 분이 지나가신다. 낡은 옷에 말똥이 잔뜩 묻었다. 수사님은 우리가 사진 찍는 걸 보고서도 별 표정 없이 묵묵히 지나가신다.

알리 아주머니가 가이드로서 소명을 느꼈는지 안에 들어가서 무슨 말인가 하고 나왔다. 그러자 겨우 문이 열렸다. 규정상 절대로 내부는 볼 수 없고, 성물 가게 정도에서 물건을 사면 조금 맛(?)은 볼 수 있다는 것이다. 어쨌든 성물 가게로 들어가기 위해 수도원 안으로 들어가 이 층으로 올라갔다. 알리 아주머니가 나에게 눈짓을 하며 얼른 가서 보고 사진도 찍으라면서 문 하나를 열어 주었다. 「007」시리즈에 나오는 사람처럼 안으로 들어가 사진을 찍었다. 이상하게도 꼭 여자 수도원에 갔다가 연달아 남자 수도원에 가면 이렇게 핍박을 받는다. 솔렘 수도원에서도 그랬던 생각이 났다. 게다가 남자 수도원은 특히 여자 취재자에게 개방이 안 된단다. 여자 수도원들은 남자들에게도 숙식을 허용하는데, 남자들에게는 여자들이 경계의 대상인가 보다. 그게 다 여자 때문이 아니라 사실은 제 마음속에 있는 마귀인데 …. 우리나라 고승들은 몇천 년 전에 이미 그걸 알지 않았나 싶었다. 그러니까 수도하다가 성기를 자른들 무슨 소용이냐고 하지 않았을까. 그 유명한 베네딕도 성인도 청년 시절 동굴에서 독거하고 있을 때, 언젠가 한 번 본 여자의 환영 때문에 괴로워하다가 가시밭을 뒹굴었다고 했다. 뿐인가, 아우구스티노 성인도 욕망 때문에

오트리브 수도원의 수사 조각상

오트리브 수도원의 수사님. 사진 찍는 걸 보고서도 묵묵히 말똥 실은 수레를 끌고 지나가신다.

눈밭을 뒹굴었다. 그런데 그분들은 안 것이다. 그게 다 내 마음속의 일이지 누구 때문이 아니라는 걸. 생각해 보면 그것과 정면으로 용감무쌍하게 목숨까지 걸 기세로 싸워 본 사람들만이 그걸 안 것 같다.

늦가을 하늘은 높고 푸른데 인적 드문 오트리브 숲길 여기저기 작은 들꽃들이 마지막 가을 꽃씨를 터뜨리고 있었다.

열 시쯤, 작별을 고하고 밤길을 걸어 나와 프리부르 역으로 가는 버스를 탔다. 프리부르, 언제 다시 와서 저분들과 또 인사를 나눌까 하는 생각이 들었다. 멀고 먼 스위스의 프리부르, 자주 오기가 쉽지 않은 곳이다. 몇 년 후 별러서 다시 찾아왔을 때 늙으신 장 신부님이 여전히 거기 계신다는 보장도 없다. 나는 걷다가 돌아보았다. 후두둑 휘장을 드리운 것처럼 펼쳐진 검은 하늘, 누군가의 눈빛인 양 맑은 별이 몇 개 떠 있다. 시간 속에 묻혀 기억도 사라져 갈지 모른다. 꽃은 곧 시들어 버릴 것이라 언제나 마음속에서 아름답고, 사람은 짧게 스쳐 갈수록 오래도록 기억이 나는 것인지 …. 아름다운 풍광과 거기서 만난 사람들 때문에 다시 꼭 찾아가고 싶은 곳, 프리부르. 그러고 보니 이제껏 세 번의 유럽 여행이 헛것이었는지도 모른다는 생각이 들었다. 그곳을 여행하면서 나는 한 번도 '사람들'을 만난 일이 없었다. 그러니까 내가 본 것은 사람 없는 풍경과 역무원들과 장사꾼들뿐 사람은 없었다. 나는 이번 여행에서 비로소 '사람들'을 만나고 있는 것이다.

베네치아

이탈리아

비발디의 도시

비발디의 기타 콘체르토나 「화성에의 영감」을 듣고 있노라면…
세상을 향해 홀로 무력하게 시위하고 있는 어떤 사람의 실루엣이 느껴지는 것만 같았다.
그런데 내가 처음 찾아간 그 비발디의 베네치아,
잔잔한 강 같은 바다를 붉게 물들이며, 석양처럼 해가 뜨고 있었다.

베네치아

'내가 유럽 여행을 좋아하는 것은 기차 때문이다'라고 말해도 과언은 아니다. 내가 처음 유럽을 여행한 것이 서른다섯 살 때. 유레일패스는 일등실밖에 살 수가 없었다. 규정상 만 스물여섯 살 이상인 사람은 값이 싼 이등실 기차표를 살 수 없기 때문이었다. 그래서 하는 수 없이 타 본 일등실이 얼마나 좋던지 …. 첫 유럽 여행 때 작가 여섯 명이 수다를 떨며 가던 기차는 얼마나 오붓하고 한적했는지. 유럽에서는 보기 드문 열차 사고 때문에 기차가 세 시간이나 연착을 하는 바람에 독일 슈투트가르트 역에서 동료 작가들과 트렁크를 깔고 앉아 멍청하게 바라보던 흰 구름은 왜 그렇게 가벼웠는지. 숯불에 구워지는 소시지가 있고 거품이 많은 에스프레소 커피가 맛있던 유럽의 역들 때문에 나는 유럽에 가고 싶어 한다 해도 과언이 아니다. 하지만 무엇보다 밤차가 없다면 나는 유럽을 그렇게 좋아하지는 않았을 것이다.

밤차를 처음 타 본 것은 조금 전에 이야기한 프랑크푸르트에서 파리를 갔을 때였다. 나는 우리 돈으로 2만 원쯤 하는 비싼 포도주와 치즈를 좀 사서 열차에 탔다. 각 룸마다 화장실과 샤워실까지 달린 이체에 ICE 기차의 침대칸은 유럽을 여행할 때 꼭 타 보라고 권하고 싶다. 유레일패스가 있어도 우리 돈으로 일인당 9만 원쯤 지불해야 하는 것이 부담스럽긴 하지만, 호텔비를 생각하고 또다시 이동하는 시간을 생각한다면 그렇게 무리는 아닐 것이다. 게다가 소량이지만 과일도 주고 아침에는 커피와 간단한 빵도 서비스해 준다. 가장 좋은 기차인 이체에ICE의 경우는 샤워실과 화장실이 각 방마다 달려 있고(테제베TGV나 이탈리아의 밤열차는 공동화장실이니 돈이 좀 아깝다) 별 세 개짜리 정도 호텔에서 먹을 수 있는 아침을 식당 칸에서 제공하기도 한다. 나는 포도주를 사서 열차에 올랐다. 내일 새벽이면 베네치아에 도착한다.

새벽, 베네치아엔 동이 트고 있었다. 처음 멘델스존 「무언가」Songs without Words의 '베네치아 곤돌라의 노래'를 듣고 반해 버린 베네치아. 하지만 이곳도 이탈리아다. 나는 여권과 지갑을 옷 속 깊이 넣고 이탈리아를 맞을 준비를 했다. 왜냐하면 이탈리아에서 도둑을 당해 보지 않은 사람을 만나 본 일이 없고, 실제로 나 역시 지난번 첫 이탈리아 여행에서 철저히 대비를 했지만 '당할 뻔'한 적이 있다.

2년 전인가 기차에 탄 나는, 이탈리아에서 여행객들이 얼마나 가지가지 방법으로 소매치기를 당했는지 충분히 듣고 있었기 때문에 더운 여름임에도 불구하고 시골 할머니들처럼 땀 젖은 옷 속에 지갑과 여권을 넣고 카메라가 든 작은 배낭을 껴안고 있었다. 그런데 지갑과 작은 배낭 말고 뒷자리에 둔 커다란 트렁크를 들고 가는 도둑을 붙잡은 것이다. 그때 바람처럼 조용하게 트렁크를 가지고 달아나던 젊고 잘생긴 이탈리아 도둑은 뒷덜미를 잡히고도 태연히 말했다. "무슨 소리야, 이 가방은 원래 내 거야." 현장을 잡았는데도 시치미를 떼는 도둑 앞에서 내가 소리를 질렀고 기차 차장이 왔다. 자초지종을 설명하자 근사한 제복을 입은, 역시 잘생긴 차장은 별로 놀라는 기색도 없이 이탈리아어로 담담하게 뭐라뭐라 말했다. 눈치로 보아하니, "야, 인마, 빨리 줘라. 넌 현장에서 잡혔잖아. 열어 보면 누구 건지 뻔한데 뭘 우기냐." 뭐 이런 어조였다. 그러자 젊고 잘생긴 도둑은 분하다는 얼굴로 내게 트렁크를 주더니 "에이, 재수 없어" 뭐 이렇게 번역될 이탈리아어를 천천히 중얼거리며 다음 역에서 내렸다. 그게 아마 밀라노 중앙역이지 싶다.

이탈리아의 관문인 밀라노에서 그런 일을 당하자 나는 풍경이고 예술이고 다 싫고 이탈리아에 정이 떨어지기 시작했다. 그렇게 피렌체에 도착해 둘러보니 사방이 박물관, 길거리에 널린 게 예술품, 그것도 세계 최고 수준의 예술품들이지만 잘난 조상을 둔 못난 이탈리아 후손들이 싫으니 나는 그저 싫었다. 피렌체의 거리는 거의 만원 버스 수준이고 20만 원이나 하는 모텔은 서울역 뒤의 여관 수준, 거리에서 먹은 비싼 스파게티는 우리나라 것보다 맛이 없었다. 단테 하우스에 들러 마음을 위로받으려 했지만 날씨는 또 너무나 더웠다. 사람들에게 멀미가 날 것 같아 하는 수 없이 남들 잘 안 간다는 남쪽으로 내려가는 열차를 탔다. 그 무렵 읽은 『괴테의 이탈리아 여행기』에서 본 "나폴리를 보고 죽으라"라는 구절도 나를 분발시켰다. 그런데 나폴리 역에 내리니 혼자 카트를 끌고 가는 내 옆을 시커먼 이탈리아 청년 둘이 아예 빈 카트를 들고 염치도 없이 쫓아온다. 아예 내 가방을 통째로 빼앗아 저 빈 카트에 넣고 달아날 심산인가 보았다. 겨우 그 도둑 같은 청년들을 따돌리고 시내 관광에 나섰다. '죽기 전에 꼭 보라'고 괴테가 당부한 그 나폴리를 보고 나니, 이번에는 정말 죽고 싶어졌다. 그 오랜 시간 열차를 달려 그 비싼 돈을 내고 더러운 모텔에 묵었는데 나폴리는 이미 너무나 늙어 있었다.

만일 피렌체 두오모 성당에서 천상의 소리처럼 들려오던 파이프오르간이 아니었다면, 나폴리 역 앞에서 먹은 시칠리안식 피자의 기가 막힌 맛이 아니었다면, 그리고 거기서 한 시간 배를 타고 더 가야 하는 카프리 섬이 아니었다면 나는 영영 이탈리아를 미워하고 말았으리라.

손님을 기다리는 곤돌라. 저 멀리 산 조르조 마조레 성당이 보인다.

그런데 그 이탈리아의 베네치아에 도착한 것이다. 물의 도시 '가면의 도시' 그리고 무엇보다 내가 베네치아에 오고 싶었던 것은 비발디 때문이었다.

비발디는 1678년, 지중해의 여왕이라고 불리는 베네치아에서 태어났다. 하지만 비발디가 태어난 그 무렵, 베네치아는 이미 두 번의 흑사병에 녹다운을 당한 후였다. 인구의 반 이상이 죽고 지중해에서의 패권마

베네치아의 골목

저 상실해 이 '지중해의 여왕'은 힘없이 기울어 가는 공화국이 되어 버린 것이다. 이런 나라에서 비발디가 열다섯 살 때 이미 성직자의 길로 들어선 것은 너무나 당연했다. 왜냐하면 그 당시까지 교육을 받을 수 있는 길은 그것뿐이었기 때문이다. 하지만 비발디는 결코 단정하고 품행이 방정한 성직자가 아니었다(품행이 방정한 성직자가 어떻게 작곡을 할 수 있을까?). 당시 골도니라는 유명한 평론가는 비발디를 가리켜 "바이올린 주자로는 만점, 작곡가로는 그저 그런 편이고, 사제로는 영점이다"라는 말을 남겼을 만큼 그는 반항아였던 모양이다.

돈을 주고 작곡을 부탁한 귀족의 집에 찾아가서 돈을 먼저 내놓기 전에는 절대로 작곡을 시작할 수 없다고 으름장을 놓는가 하면, 불량한 행실로 여러 번 사제직에서 쫓겨날 뻔하기도 했고 여가수 안나 지로와 노골적인 염문도 뿌린 빨간 머리 신부. 그런데 나는 왜 그가 밉지 않을까.

그가 「사계」를 작곡하기 5년 전 베네치아에는 유명한 카페 플로리안Florian이 생겨 작가와 예술가를 후원하는 패트런patron들이 모여들었다니까, 비발디가 그럴 만하다는 생각이 들었다. 나중에 모차르트는 귀족 때문에 얼마나 비굴을 감수해야 했으며, 패트런 없이도 겨우 음악을 할 수 있는 시기에 이르러 활동한 베토벤이 얼마나 드러내 놓고, 거의 천성이 비뚤어진 사람처럼 귀족들을 미워하다 못해 혐오했는가를 보면 비발디를 이해할 수 있을지도 모르겠다. 돈만 많은 속물들도 있었을 것이고 가난한 예술가들을 시종처럼 취급하려는 열등감 많은 귀족들도 있었을 것이다. 이런 시대 배경이 나로 하여금 비발디에 대해 하염없이 너그러운 생각을 가지게 했는지도 모른다. 그렇지 않다면 비발디가 당시 여자 고아들만 맡아 키우는 '베네치아 피에타 양육원'에서 무료로 음악을 가르치고, 너무 나약하다는 평까지 감수해 가며 그 아이들을 위해 곡을 썼던 이유를 해명할 수는 없을 것이다.

이 글을 쓰다 보니 왠지 그가 술도 많이 마셨을 것 같다. 다만 그의 곁에 지중해가 있어서 다행이었을 거라는 엉뚱한 생각과 함께. 그러나 비발디는 결국 고향에서 쫓겨나 타향인 빈Wien에 가서 객사하고 만다.

비발디와 나의 인연은 이상한 것이긴 했다. 처음 클래식을 공부하면서 사람들에게 "누가 좋아요? 무슨 곡이 좋아요?" 물었는데, 이상하게도 나에게는 지루하거나 시끄럽거나 그런 곡들뿐이었다. 그 무렵 우연히 비발디의 바순 콘체르토(몇 번인지는 생각나지 않는다. 그때 카세트테이프로 산 것을 잃어버려 다시 사려고 했지만 그 후로는 찾지 못했다)를 듣게 되었다. 「사계」라는 너무도 유명한 곡을 지은 교과서 같은 작곡가라고만 알고 있었던 그의 곡에서 나는 나와 닮은 뭔가가 있다는 것을 느꼈던 것이다. 그다음부터 비발디의 곡이라면 무엇이든 샀고 그 곡들은 한 번도 나를 실망시킨 적이 없었다. 베토벤이나 모차르트조차 내게 이런 대접을 받지는 못했으리라. 한창 불교에 심취해 있을 때는 '내가 혹시 전생에 비발디가 아니었을까, 아니라면 내가 어떻게 그를 이토록 속속들이 이해할 수 있을까' 하는

비발디가 성직자로 재직했던 베네치아의 피에타 성당. 골도니는 비발디를 "바이올린 주자로는 만점, 작곡가로는 그저 그런 편이고, 사제로는 영점"이라고 평했다.

생각도 들었다. 뭐랄까 나는 비발디의 곡에서 '깊은 슬픔'을 느낀 것이다. 그것은 바흐의 곡에서 느껴지는 '고독'이나 베토벤의 곡에서 느껴지는 '비탄의 의지', 모차르트의 음악에서 느껴지는 '위악적 명랑' 이런 것과는 또 달랐다.

모르겠다. 비발디의 기타 콘체르토나 「화성에의 영감」을 듣고 있노라면 먼 강가에 해가 지는 것 같고, 밤새 들판에 아무도 모르게 흰 눈이 쌓이는 것 같고, '꼭 그런 건 아니잖아?' 중얼거리며 세상을 향해 홀로 무력하게 시위하고 있는 어떤 사람의 실루엣이 느껴지는 것만 같았다. 그런데 내가 처음 찾아간 그 비발디의 베네치아, 잔잔한 강 같은 바다를 붉게 물들이며 석양처럼 해가 뜨고 있었다.

역의 간이 커피숍에 서서 안내 책자를 들여다보고 호텔로 갔다. 아무리 그동안 좋은 사람들을 만났고 좋은 풍경을 구경했지만 몸은 늘어진 솜처럼 피곤했다. 아직 체크인 시간이 되지 않아서 짐을 프런트에 맡기고 거리로 나섰다. 늦가을, 혹은 초겨울 날씨인데도 거리에 사람이 많았다. 여름에 오면 사람 뒤통수만 보고 간다니 이것도 감사해야 할 것 같았다. 구불구불한 골목길들과 노점상들을 지나 산 마르코 광장까지 걸어갔다. 각국에서 온 깃발 부대들이 무리를 지어 여기저기로 몰려다니고 있었다.

산 마르코 성당에는 사람이 많아서 줄을 서야 했다. 첫 유럽 여행 때 프라하에 도착하자, 소설가 김 형이 말했다.

"내가 돌아가면 한국에 있는 후배들 모두 데리고 이곳에 올 거야."

나 역시 그랬다. 그런데 일주일쯤 지난 후 김 형이 또 말했다.

"이제 그만 보고 싶다."

나 역시 그랬다. 아름다운 번영의 산물들을 돌아보고, 돌아보고, 뒤로 돌면 유적이고 몇 걸음 걸어가면 세계적인 무엇무엇이 있는 그 아름

베네치아의 산 마르코 성당. 그곳에는 줄을 서야 할 정도로 사람이 많았다.

다운 유럽에서 나도 생각했던 것이다. '산사에 가고 싶다.' 처마와 처마 사이 휑뎅그렇한 여백, 그 사이로 그냥 혼자 있는 푸른 하늘과 산을 보고 싶다고. 언젠가 해인사에서 묵었을 때의 새벽 예불이 그때 하필이면 떠올랐다. 안개 자욱한 산기슭 새벽안개를 가르며 들리던 목탁 소리 …. 남자들의 목소리가 얼마나 아름다운지 나는 그때 금강경을 외는 스님들을 보며 처음 알았다. 그 새벽안개 낀 처마와 처마 사이의 여백이 그리워졌던 것이다. 산 마르코 성당에 대해 더 알고 싶은 독자들에게는 죄송하지만 나는 그 자리에 더 머물고 싶지 않았다. 차라리 인공 섬인 베네치아로 끝없이 육박해 들어오는 푸른 수평선 쪽이 더 맘에 들었으니까.

원래 베네치아는 2월에 와야 한다고 누군가 말했다. 2월 베네치아에는 가끔 알타 아쿠아alta aqua라는 홍수가 밀어닥치는데 그때 산 마르코 성당 앞까지 밀려 들어온 물 때문에 광장은 텅 비어 버린다고 …. 나는 그 텅 빈 광장이 보고 싶었다. 11월 말이지만 아닌 게 아니라 바닷물이 사람들의 발목 사이로 밀려들어 오고는 있다.

이상했다. 사람들 모이라고 만든 광장에 와서 왜 나는 사람이 없는 풍경을 보고 싶어 할까. 아무도 없는 텅 빈 길 …. 사람 다니고 차 다니라고 만든 길에 차도 사람도 없으면 아름다울 것이라는 기대, 대체 이 무슨 심술궂은 역설인지.

일정을 바꾸어 일찍 베네치아를 떠나기로 했다. 길 위에서 아무것도 확정된 것은 없다는 생각이 들자 비로소 내가 진짜 여행을 하고 있다는 생각이 들었다. 원래는 하루쯤 더 머무르며 토마스 만이 『베네치아에서의 죽음』을 썼다는 리도 섬의 '데 그랑 뱅'Des grand Bains 호텔이나 헤밍웨이가 베네치아에 오면 늘 묵었다는 산 마르코 광장의 최고급 호텔 '그리티 팰리스'Gritti Palace에 가 볼까도 했지만 나는 이미 성공한 사람들이 이곳에 와서 벌였던 행적에는 관심이 없어졌다. 베네치아에 온 것은 비발디 때문이었으므로 기차를 타기 전 남은 시간 동안 배를 타고 베네치아를 한 바퀴 돌기로 했다. 뱃삯은 6천 리라, 우리 돈으로 4,800원쯤 한다.

베네치아는 원래 섬이 아니라고 했다. 421년 롬바르디아의 침입을 피해 산호초 섬으로 도망간 사람들이 소금에 절인 통나무로 만든 도시, 그래서 섬인데도 언덕이나 산이 하나도 없고, 집들의 지하로 바닷물이 오가는 모양이었다. 배를 타고 돌아보니 대단하다 싶었다. 바다 위에 통나무로 섬을 만든다는 생각 자체가, 롬바르디아 아니라 누가 침입했든 대단한 것이 아닐까.

배 뒤편에서 담배를 피우고 있는데, 별로 잘생기지 않은 이탈리아 청년이 다가온다. 그는 영어로 "날씨 참 좋지?" 하며 하늘을 가리켰다. 내가 멀뚱해 있자, 그는 하늘을 가리키며 다시 말한다. "일 솔레." '일 솔레'라면 태양이라는 뜻 정도는 주워들은 터라 나도 그를 따라 하늘을 바라보았다. 정말 맑은 하늘에 태양이 빛나고 있는 좋은 날씨였다. 청년은 "넌 참 운 좋은 사람이다. 겨울에 이렇게 날씨가 좋다니 …" 하더니 할 말

물 위로 삐죽 솟아오른 나무 기둥 위의 새들. 베네치아는 이런 통나무들로 이루어진 섬이라고 한다.

은 그것뿐이었다는 듯 다시 배 안으로 사라져 버렸다. 문득, 내가 여행하고 있는 내내 날씨가 좋았다는 생각이 들었다. 어디에 가든 도착하는 날 비가 왔다가도 다음 날이면 갰다. 새삼 두 손을 모으고 감사를 드렸다. 어쨌든 이것도 감사해야 할 일이었고 그걸 일깨워 준 청년에게도 고마운 마음이 들어 그가 다음 선착장에서 내릴 때 손을 흔들어 주었다.

독일

뮌헨 ● 프라우엔 킴제 수녀원

보다 큰 자유,
보다 큰 진리

고통을 거치지 않고 방황을 거치지 않고
보다 큰 것에 복종하는 겸허함 없이 얻어지는 자유는 가짜일지도 모른다는 그런 생각 ….
보다 큰 자유, 보다 큰 진리에 순종하는 자만이 가짜 자유와 가짜 진리에
진정으로 불복종할 수 있을 거라는 생각 ….

뮌헨, 백장미 두 송이

뮌헨에 도착했다. 뮌헨에서 안내를 맡아 주기로 한 주버Zuber 여사가 내일이나 시간이 나겠다고 했으므로 시내를 걸었다. 너무 추워서 긴 코트도 한 벌 사야 했다. 문득 뮌헨 대학교에 가 보고 싶었다. 『아무도 미워하지 않는 자의 죽음』이라는 책으로 유명한 숄Scholl 남매의 자취를 보러 말이다. 그 남매 역시 독실한 가톨릭 집안의 자녀들이었으니 이곳 또한 수도원일 수도 있다는 생각이 들었다. 아니, 수도원이 아니라 순교 터 정도 될까.

택시를 타고 운전사에게 숄 남매를 보고 싶다고 했더니 뮌헨 대학교 한가운데 덩그마니 나를 내려놓았다. 돌아보아도 동상 하나 없다. 학생들에게 물어 건물 안으로 들어가니 나치 만행 전시회가 열리고 있고 그 곁에 숄 남매의 상설 전시관이 있다. 숄 남매에 대한 자료가 전시되어 있고 담당자도 있었다. 그 담당자에게 물어보니 나를 다시 광장으로 안내했다. 내가 다닌 연세대학교로 치자면 도서관 광장 앞 바닥에 시멘트를 파고 거기에 숄 남매의 상징을 기념해 놓은 셈이니 택시 운전사가 영 틀린 것은 아니었다. 그들의 자취는 본관 앞 광장에 유인물 자국으로 표시되어 있었다. 그러니까 여기가 그들이 처음 유인물을 뿌린 자리, 여기가 그들의 유인물이 흩어졌던 자리다.

　보수적이기로 유명한 바이에른의 뮌헨 대학교에서 벌어진 반反나치 시위를 히틀러는 용서할 수가 없었던 모양이었다. 그는 화염병을 던진 것도 아니고 폭력을 휘두르지도 않은 '백장미 그룹'의 학생 여섯 명과 그들의 지도 교수를 처형해 버린다. 히틀러는 자신이 이끄는 나치스(국가사회주의 독일노동자당)가 태어난 이 지방에서 일어난 그 반역을 도저히 묵과할 수가 없었나 보다. 악은 아무리 작은 반역도 용서하는 법이 없다. 신은 어떤 죄든 용서하지 않는 것이 없다. 선과 악은 이렇게 갈라지는 것인지…. 처형된 그들 모두 가톨릭 신자였다. 물론 그때 독일 가톨릭은 침묵하고 있었다. 로마 가톨릭도 같았다. 하기는 태양이 지구의 주위를 도는 것이 아니라 지구가 태양의 주위를 돈다고 말한 갈릴레이의 죄를 가톨릭이 공식 사면한 것이 1984년이니 가톨릭의 기동성은 놀랍다.

위 뮌헨대 본관 앞 광장의 숄 남매를 기리기 위한 조각. 파시즘에 대항했던 그들을 영원히 기념하려는 독일인의 의지가 느껴진다.
아래 숄 남매의 시위가 시작되었던 뮌헨대 본관

그들을 지도하다가 함께 처형된 교수가 강의하던 교실을 돌아보고 뮌헨대를 빠져나왔다. 보수적이기로 유명한 뮌헨의 경우 파시즘에 대항한 사람들은 이들이 거의 유일하다고 했다. 그런데 이 보수적인 뮌헨에서 초창기에는 진보적이었던 '나치'와 독일공산당이 처음 태동했다. 이것은 또 무슨 의미일까. 지허 스님 말대로 극과 극은 통하는 것이라서? 한때 나를 설레게 했던 유명한 노동 조직의 수장이 지금 보수 여당의 실세가 되어 있다. 어떤 때 그런 선배들을 보고 있노라면 "오래 산다는 게 욕이다"라는 어른들 말씀도 떠오른다. 만일 윤동주가 살아남았더라면, 만일 『아리랑』의 주인공 김산이 처형되지 않았더라면, 그리고 그들도 한국 현대사와 함께 극에서 극을 달리는 배반의 삶을 남겼더라면 …, 수도원 기행을 백 번 한다 해도 나는 그들을 용서할 수는 없으리라. 내가 잘나서가 아니라, 내가 지조를 지켰기 때문이 아니라, 그건 성직자가 성추문에 휩쓸렸을 때 미국 대통령 클린턴이 그랬던 것보다 더 큰 파문을 가져오는 이치와 같으리라. 성경을 보니 예수님도 혹시 그런 생각이 아니셨나 싶다. 당시 권력자들은 사두가이파라고 불리던 사람들이었다. 그러나 예수님이 가장 미워하신 사람들은 바리사이파 사람들, 지금으로 치면 성직자 겸 교수인 정신적 지도자들이었다. 물질의 기득권자들이야 원래 황폐해지는 것이 당연하다 해도 정신적 지도자들이 피폐하고 보수화될 때 희망은 사라진다는 것을 예수님은 잘 알고 계셨던 것은 아닐까.

수많은 젊은이를 삶과 죽음의 갈림길에 서게 했던 내 대학 시절이 어쩔 수 없이 다시 떠올랐다. 나도 그들에게 이런 유인물의 유적을 만들어 주고 기념관 하나 세워 주고 싶었다. 여기가 그들이 눈물을 흘리며, 그러나 끝내 돌을 들었던 그 자리라고, 비겁해서 뒤로 물러났던 우리 대신, 그들은 앞으로 앞으로 달려 나갔다고. 무섭지 않아서가 아니라, 부모님 고생하시는 걸 몰라서가 아니라, 어떻게 하면 출세하고 잘 먹고 사는지 몰라서가 아니라고. 그러므로 그때 젊었던 그들, 그렇게 젊을 때 죽어 버려서 우리를 오래 아프고 오래 숙연하게 하는, 그러므로 언제까지나 젊은 우리들일 그들에게.

저녁을 먹기 위해 길을 두리번거리다가 근처에 있는 셸링 가의 셸링 살롱Schelling salon으로 갔다. 당구대가 있고 고풍스러운 탁자가 있는 셸링 살롱, 한때 베른에 망명해 있던 레닌이 뮌헨에 왔을 때 자주 들르던 레스토랑이라고 했다. 그런데 레닌 사진은 없고 릴케와 요한 슈트라우스가 자주 왔다는 설명이 사진과 함께 자랑스레 붙어 있었다. 레닌은 이곳에 와서 무슨 말을 했을까.

혁명에 성공했던 레닌 대신, 대학 시절 읽은 로자 룩셈부르크의 전기가 떠올랐다. 트럭에 실려 끌려가다 군인들에게 개머리판으로 뒤통수를 얻어맞고 길거리에 시체로 버려졌다는 절름발이 여성혁명가. 실패한 혁명은 우리들 삶에 얼룩을 남기는지 빛을 남기는지 …. 생각해 보면 예수님 역시 현실에서는 실패한 혁명가였다. 그래서 당시 반로마제국의 기치를 내건 혁명당원이었던 유다에게 배신당한 것이 아닐까. 그러나 패배한 예수의 제자들은 훗날 끝내는 로마를 점령한다.

막걸리 맛이 나는 '안덱스 수도원'Kloster Andechs 맥주를 시키고 보니 병에 수도자들의 모습이 그려져 있다. 원래 맥주가 수도원에서 가장 많이 만들어져 보급되었다는 것은 나도 잘 모르고 있었다. 아우구스티노를 단장으로 하는 베네딕도회 수도자들이 영국 땅을 밟은 597년 아일랜드 포교를 떠나면서 항구에서 맥주를 마셨다고 하는데, 이 맥주를 수도원에서 제조하게 된 것이 수도원 맥주의 시작이라고 한다. 원래는 수도원 자체의 필요성에 의해 만들어졌으나 차츰 시민과의 교역 수단으로 발전하게 되었고 후에 상품화되었다는데, 그러한 맥주의 효용을 가장 먼저 인지한 것은 독일의 수도자들이었다고 한다. 그들은 나중에는 품질 좋은 보리와 홉을 얻기 위해 직접 그것들을 재배하기에 이르렀는데, 중세 때 수도원이 유일한 두뇌 집단이었다는 사실을 생각하면 그들이 연구에 노력을 기울인 결과 수도원 맥주가 가장 맛있어졌다는 것은 이해가 갈 만했다. 광우병에 대한 걱정 때문에 송어요리를 시켰는데 구운 송어 한 마리가 마치 꽁치 한 마리처럼 접시에 턱 하니 구워져 나오고는 끝이다. 소시지를 더 시키니 흰 소시지 두 개가 뜨거운 물에 둥둥 떠 나왔다. 이곳은 바이에른, 영어로 바바리안barbarian 지방, 이 정도면 '심플함'도 경지에 오른 듯하다.

주말이어서 그런지 살롱 안은 사람들로 가득했다. 그런데 앉아 있는 사람들은 중년들, 탁자마다 혼자였다. 그들은 맥주 한 잔과 음식을 시켜놓고 250밀리리터 정도 되는 맥주를 두어 시간에 걸쳐 마시고 있었다. 베엠베BMW의 고장 바이에른, 잘사는 독일 중에서도 가장 잘사는 지역, 먹을 것도 풍부하고 돈도 많은 이들의 얼굴이 왜 이렇게 어두울까. 이들은 이 주말 저녁 왜 혼자 맥주 거품이 다 사그라들 때까지 혼자 앉아 있어야 할까. 이들 곁엔 왜 아무도 없을까. 예전에 일본에 갔을 때도 그런 생각을 했지만 대체 잘산다는 것은 무슨 의미일까….

문득 미국의 골프 선수 할 서튼Hall Sutton의 인터뷰가 생각났다. 미국프로골프(PGA) 투어 우승자이며 '미국과 유럽의 남자 프로골프 대항전'(The Ryder Cup)에도 출전한 그의 인터뷰 말이다. 미국 남부 석유 재벌가의 아들로 태어나 남부러울 것 없이 자라서 스물다섯 살의 나이에 전 미국의 골프대회를 휩쓸고 난 후 10년간 세 번의 이혼을 하고 극심한 슬럼프에 빠졌다가 재기한 그는 말한 적이 있다.

"인생에서 제가 깨달은 한 가지 사실은, 삶이란 무엇인가를 깨닫기 전에 우리는 서른다섯 살을 넘어 버린다는 겁니다. 처음에 나는 빠른 차가 있으면 행복할 거라고 생각했습니다. 그래서 포르셰를 샀죠. 그다음엔 집이 있었으면 했습니다. 그래서 집을 샀죠. 그런데 그다음에 '비행기가 한 대 있으면 행복할 수 있겠다' 생각했습니다. 그래서 비행기를 한 대 샀지요. 그러고 난 다음에 깨달은 것입니다. 행복은 결코 돈을 주고 살 수 없다는 것을요."

　나는 그를 이해할 수 있는 기분이었다. 도덕 교과서에도 나와 있는 그 쉬운 말을 깨닫기까지 그가 왜 그렇게 많은 것을 지불해야 했는지를 말이다. 생각해 보면 나 역시 비슷한 생각을 한 적이 있었다. 처음엔 소설가가 된다면 행복해질 거라고 생각했다. 그래서 나는 소설가가 되었다. 그다음엔 유명해지면 행복할 거라고 생각했다. 우연히 운이 좋아 나는 유명해졌다. 그다음엔 당연히 돈 걱정이 없어지면 행복할 거라고 생각했다. 생활비를 다 쓰고 나서도 통장에 늘 100만 원만 있다면 아무 걱정이 없을 것 같았다. 그런데 1994년 여름, 내가 낸 책 세 권이 베스트셀러에 올랐다. 그러니 돈도 생겼다. 이제 100만 원이 문제가 아니라 하룻밤 자고 나면 통장으로 수천만 원의 인세가 도착하기 시작한 것이다. 그토록 사람이 그리웠던 나와 연결하고자 전화벨은 끝없이 울려 댔다. 하지만 사실을 말하자면 나는 전혀 행복하지 않았다. 우울증에 걸린 내 영혼은 시도 때도 없이 육체에 비상벨을 울려 댔고, 나는 배고프지도 않은데 낮이고 밤이고 먹어 대며 사람들을 두려워하기 시작했다. 전쟁이라도 일어난 줄 알았는지 내 몸은 영양분을 받아들여 눈치 없이 알뜰살뜰 지방분을 비축하기 시작했다. 그토록 원하던 돈과 명예가 그리고 몰려드는 인터뷰가, 행복해지는 데 이토록 쓸모없는 것인 줄 알게 된 것만으로도 어쩌면 나는 그 시기를 감사해야 할지도 모른다.

내가 좋은 사람이 되기 전에, 내가 스스로 행복해지지 전에, 누구도 나를 행복하게 만들어 줄 수 없다는 것, 놀랍게도 행복에도 자격이란 게 있어서 내가 그 자격에 모자라도 한참 모자란 사람이란 것을 알게 되었을 때, 나도 할 서른처럼 삼십대 중반을 넘기고 있었고 돌이키기 힘든 아픈 우두 자국을 내 삶에 스스로 찍어 버린 뒤였다. 그 쉬운 깨달음 하나 얻기 위해 청춘과 상처를 지불해야 했던 것이다. 괴테의 말대로 "가진 것이 많다는 것은 그 뜻을 깨닫지 못하는 사람에게는 무거운 짐일 뿐"이었던 것이다.

어쩌면 그 깨달음에 이르기까지 걸린 시간이 18년이었다. 그리고 돌아가 나는 하느님에게 무릎을 꿇었던 것이다. '항복합니다, 주님' 하고. 써 놓고 보니 우리말이 이상하기도 하다. 항복과 행복, 획 하나 차이의 낱말….

한용운의 「복종」이라는 시가 있다. "남들은 자유를 좋아한다지만 나는 복종이 좋아요"라고 시작하는 시, 왜 자유가 아니고 복종이 좋은지, 어릴 때는 이해할 수 없었던 만해의 생각을 얼핏 엿본 듯도 싶었다. 신에게 돌아가 항복을 선언하고 내가 자유라고 믿었던 모든 것이 사실은 전혀 자유가 아니었음을 인정하고 나서 나는 비로소 나 스스로의 강박과 어둠으로부터 서서히 자유로워질 수 있었다. "진리가 너희를 자유롭게 하라라"라는 성경의 말씀은 그러므로 진리를 통해 자유를 얻기까지의 그 사이, 각 개인마다 특수하게 다를 미묘한 그 무엇을 필요로 하는 것 같았다. 그건 고통일 수도 있고 방황일 수도 있고 어쩌면 내가 엎드려 중얼거린 대로 항복일 수도 있을 것이다. 고통을 거치지 않고 방황을 거치지 않고 보다 큰 것에 복종하는 겸허함 없이 얻어지는 자유는 가짜일지도 모른다는 그런 생각…. 보다 큰 자유, 보다 큰 진리에 순종하는 자만이 가짜 자유와 가짜 진리에 진정으로 불복종할 수 있을 거라는 생각…. 오트리브 수도원 가는 길에 메그로주 수녀원이 있었듯이 무엇인가가, 어쩌면 대개는 돌발적으로 보이는, 그러나 사실은 필연이었을 그 무엇인가가 있어야 한다는 그런 생각.

호텔 근처로 돌아와 뮌헨 밤거리를 산책했다. 어디서나 그렇듯 시내 번화가엔 매춘부들 그리고 사창가, 정말이지 '생 쇼'가 펼쳐지고 있었다. 여자들이 벌거벗고 춤을 추는 라이브 쇼 live show 말이다. 파리 시내를 다닐 때 성자에게 붙이는 이름, 생 라자르니, 몽 생 미셸이니, 하는 생 saint자가 생 쇼의 생生 자와 다를 바 없으니 이게 다 수도원 기행일까. 뮌헨 역 근처의 섹스숍 거리, 젊고 아름다운 여성들이 젊고 아름다운 것이 얼마나 귀한지 도무지 모르겠다는 표정으로 거리에 벌거벗은 사진으로서 있었다. 늙지도 젊지도 않은 나는 이제는 안다. 에로틱이라는 것이 결코 육체의 문제가 아니라는 것을. 오르가슴은 육체로 시작해서 정신의 황홀을 합일시키는 것이고, 수도라는 것은 정신을 통해 육체를 초월하고 그리하여 마침내 육체의 긍정조차 이끌어 내는 것이 아닐까. 섹스라는 것은 하느님이 맨 처음 아담의 갈비뼈로부터 하와를 만들었을 때 하느님 앞에서 부끄러움 없이 둘이 행했던 사랑의 행위였다. 하느님은, 둘이 알몸으로 부둥켜안는 것을 보시고 "자식을 낳고 번성하라"고 기뻐하며 축복해 주셨다. 그런데 섹스는, 남자와 여자의 성기에 갇힌 채로, 이제 갈비뼈 한 대의 인연도 없이 유리 진열장에 서서 몇 푼에 사고 팔리고 있었다.

그리스어로 '시'詩와 피조물이라는 뜻의 '사람'의 어원은 같다. 둘 다 'poiesis'인 것이다. 내 작품 중 하나를, 설사 그것이 아무리 객관적으로 못 만든 것이고 내 생각에도 마음에 들지 않아도 누군가 모욕했을 때의 분노를 나는 안다. 그것은 그 글을 쓴 나에 대한 모독이니까. 그러니 하느님의 시詩인 사람을 사람이 모욕했을 때 우리가 하느님을 모독하고 있는 것은 너무도 당연한 일 아닐까. 그러니 예수님이 "너희가 가장 작은 이들 가운데 한 사람에게 해 준 것이 바로 나에게 해 준 것이다"(마태 25,40)라고 하셨던 것은 혹여 아닐까.

나는 샴페인과 치즈를 사 가지고 돌아와 호텔에서 마셨다. 이제 내일부터는 독일 수도원이다.

프라우엔 킴제 수녀원

　　　　　　　　　주버 여사는 아침 일찍 호텔에 도착했다. 내가 독일어를 못해서 어떻게 하느냐고 물었더니 주버 여사는 괜찮다면서 "일전에는 영어도 못하고 독일어도 못하는 한국 사람을 하루 종일 안내해 준 일도 있어요" 했다.

　예순다섯 살쯤 된 주버 여사는 비혼, 다시 말해 한 번도 결혼해 본 일이 없는 뮌헨 토박이다. 원래 편집자로 예술 서적을 만드는 일에 평생 종사하다가 퇴직한 후 뮌헨 대학교에서 예술사, 미술 등 아홉 개의 강의를 듣고 있느라 바쁜 할머니다. 그녀의 이름이 엘리자베스이니 나의 세례명인 마리아와는 사촌지간이다. 그러니 우리는 수양 사촌쯤 된다며 함께 웃었다. 그녀를 따라 10시 30분쯤 킴제Chiemsee로 출발했다.

우리는 서로의 영어 실력에 연민을 가지며 최대한 귀를 기울여 의사소통을 했다. 우리말을 하는 사람과도 그렇게 귀 기울여 서로의 말을 듣지는 않았을 거라고 생각하니 사실 언어가 잘 통한다는 것은 마음이 잘 통한다는 이야기에 다름 아닐 것이다. 말 못하는 아기의 언어를 이해하는 엄마의 심정을 나도 아니까. 그러니 입에 발린 기도는 하느님 앞에서 아무 소용이 없을 것이다.

킴제로 가는 길은 뮌헨에서 남쪽으로 알프스를 향해 달려 한 시간쯤 걸린다고 했다. 뮌헨 남부를 자동차로 달려 보기는 처음이었는데 킴제에 가까워질수록 알프스의 백설과 빙하 호수가 잘 닦인 아스팔트길과 어우러져 자아내는 풍경이 놀라웠다. 11시 30분쯤 독일과 오스트리아의 접경지대에 있는 킴제 선착장에 도착했다. '아름답다'라는 말을 어떻게 해야 그 광경을 묘사할 수 있을까. 푸른 하늘 아래 눈 덮인 알프스, 산의 허리를 두르고 있는 엷은 겨울 안개, 그리고 푸른 빙하호. 이 빙하호는 해발 500미터 지대에 위치한 것인데 수심은 깊다. 호수를 가로지르는 배의 갑판에 앉아 사진을 찍으며 수도원에 도착하기를 기다리고 있는데, 그림처럼 아름다운 풍경 앞에서 갑자기 화가 나기 시작했다.

'뭐야!' 하는 생각이 들었던 것이다. '너희들 이렇게 잘산단 말이야? 자연보호도 하고, 환경미화까지 신경 쓰면서. 그냥 돈이 많은 게 아니고,

교양까지 있어서 자연을 이렇게 잘 가꾸고 살고 있단 말이야?'라는 생각이었다. 게다가 하필 나는 아니고 너희들만 이런 곳에서 살고 있으니, 이 얼마나 배 아프고 화나는 일인가. 내 표정이 자못 심각했는지 주버 여사가 무슨 생각을 그리 하느냐며 말을 걸었다.

"주버, 사실 당신이 유럽에 태어난 것을 하느님께 감사해야 하지 않나요? 아무리 '하느님이 나를 한국에 태어나게 한 데 다 뜻이 있겠지' 생각하려 하지만 솔직히 이런 곳에서 태어나 살고 있는 당신이 부러워요."

내게는 어머니뻘인 주버 여사는 잠시 생각에 잠기는 표정이더니 대답했다.

"마리아, 하지만 유럽 젊은이들은 행복하지 않아요. 거리도 풍경도 유적도 그들에게는 아무런 기쁨이 되지 않아요. 이미 모든 것이 이루어진 곳에 태어났다는 것 자체가 불행일 수도 있는 거예요. 나에게도 역시 유럽은 그랬죠."

그녀의 표정은 몹시 진지했다. 정색을 하고, 행복하지 않다고 말한다. 내가 아까 차를 타고 오면서 무심히 "전쟁 중엔 어디 계셨어요?" 하고 물었을 때, "난 그때에 대해 아무것도 기억하고 싶지 않아요" 하고 잘라 말하던 것과 같은 표정이었다. 우리는 푸른 빙하호의 물줄기를 바라보며 뱃머리에 서 있었다.

선착장에 내리니 역시 그림 같은 수도원과 마을 풍경이 펼쳐진다. 아무리 유럽에서 태어난 젊은이들이 행복하지 않다고 해도 아름다운 건 아름다운 거였고 부러운 건 부러운 거였다. 그리고 내 조국을 생각하며 화가 나는 것도 나는 것이었다.

주버 여사가 점심을 내겠다고 해서 킴제의 가장 오래된 '린데로 가는 길'(이건 내가 붙인 이름이다. 원어는 Zur Linde이다) 레스토랑을 찾아가니 'seit 1396'이라는 팻말이 붙어 있다. 그렇다면 이 건물은 조선 건국 무렵에 세워졌다는 말이지. 내가 태어난 서울, 내가 학교를 다니던 신촌에서 추억 어린 옛 카페 하나 찾기 힘든 우리 실정을 생각하니 한숨이 나왔다. 아름다운 풍경을 그저 보고 수도원에 대해 생각해야 할 텐데, 외국 여행 그것도 유럽을 여행할 때마다 자꾸 우리의 호수, 우리의 산, 우리의 농촌과 비교하는 난데없는 애국심은 왜 자꾸 생겨나는지.

베네딕도회 프라우엔 킴제 수녀원 Abtei Frauenwörth im Chiemsee은 아름다운 곳이었다. 소박한 회벽과 아름다운 호수가 보이는 회랑들 …. 여기 계시는 수녀님은 모두 서른여섯 분, 그러나 대부분 늙고 편찮으시다고 했다. 제일 젊은 수녀님이 예순 살이라고 한다. 그런데 그곳에서 만난 수녀님들은 영 아름답지 않다. 꼭 우리 중학교 때 그러듯이 앞머리를 서투르게 잘라 몰래 몇 가닥 내린 양이 어쩐지 아니다 싶었는데 불친절하기가 이루 말할 수가 없다. 주버 여사가 "이분은 한국에서 와서 이곳 수도원을 한국에 소개하려 한다"고 붙들고 통사정을 하는 모양인데 관광객들에게 성물 파는 데만 관심이 있을 뿐 무뚝뚝하기만 했다. 저렇게 아

프라우엔 킴제 수녀원 가는 길. 선착장에 내리면 그림 같은 풍경이 펼쳐진다.

_ 보다 큰 자유, 보다 큰 진리

프라우엔 킴제 수녀원 전경. 소박한 회벽이며 호수가 보이는 회랑들로 아름다운 풍경을 자랑한다.

위 수녀원의 안뜰
가운데 수녀원의 묘지
아래 수녀원에서 바라본 호수

마을에서 수녀원으로 올라가는 계단

름다운 풍경 속에 산다 해도 사람까지 따라 저절로 아름다워지는 것은 아닌가 보았다. 하느님이 아무리 아름다운 것을 많이 주셔도 내가 불행하면 불행한 것이듯 …. 내가 주버 여사의 팔을 잡아끌었다.

처음 아르장탕 수녀원을 나와 거리를 떠돌면서 나는 희미하게 생각하고 있었던 것이다. 수도원은 꼭 수도원 건물 속에 있는 것은 아니라고 말이다. 수도원에 그토록 가고 싶어 수도원만 찾아다니는 기행을 하면서 수도원과 기행 그 자체로부터 자유로워지고 있는 나 자신을 발견했다. 이건 그냥 내 삶의 어느 날이란 걸 알게 된 것이다.

성당으로 들어갔다. 뜻밖에도 결혼식이 열리고 있었다. 유모차에 실린 아이들, 오스트리아 목동 같은 바이에른 전통 의상을 입은 신랑과 신부, 주버 여사는 수도원에서 받은 푸대접이 미안했는지, 이거 보기 드문 풍경이니까 어서 사진을 많이 찍으라고 한다.

혼례미사를 집전하던 신부님도 미사가 끝나고 내게 오더니 악수를 청하시면서 성당을 이리저리 안내해 주셨다. 성당 뒤를 돌아갔는데 뜻밖에도 철창 속에 십자가가 보였다. 그리고 한 중년 신사가 그 철창 앞 의자에 앉아 있었다. 주버 여사의 설명을 들으니 이곳은 수도자들이 묻힌 묘지라고 했다. 말은 걸 수 없었지만 슬픈 표정의 신사를 보니 '젊은 수도자가 죽었나 보다' 하는 생각이 들었다. 누군가에겐 평생의 가장 아름다운 기억이 될 결혼식을 보고 난 후 나는 왜 묘지 앞에 앉아 있는 신사에게 눈길이 가는 것일까.

문득 브레히트 묘지 생각이 났다. 예전에는 동독 지역이던 동베를린의 브레히트 묘를 찾은 것은 두 번째 유럽 여행 때였다. 브레히트 무덤이 있는 묘지에는 헤겔의 무덤이 함께 있었다. 그런데 헤겔의 무덤에는 뜻밖에도 누군가 심어 놓은 전나무가 무덤 한복판에 뿌리를 내리고 자라고 있었다. 우리의 관념으로 보자면 이런 '망측한 자손'들이 없었다. 유학생 후배는 이것이 바로 "헤겔 철학의 실현인 정반합"이라고 농담을 해 댔다. 그 묘역에 브레히트는 묻혀 있었다. 그 묘지와 맞붙은 브레히트 기념관, 그리고 작은 카페.

놀라운 것은 생전에 브레히트가 집필실로 쓰던 건물이 바로 그 묘지에 붙어 있는 건물이었다는 것이다. 말년의 브레히트는 그곳에서 글을 쓰다가 해 질 무렵이면 묘지를 산책하곤 했다고 한다. 자신이 그곳에 묻힐 것도 알았다고 한다.

나는 내가 묻힐 묘지 곁에서 글을 쓰고 산책하면서 늙는 호사를 누릴 수 있을까. 나는 공자의 78대손이지만 내 자손들이 '망측했으면' 좋겠다. 나 죽은 다음 내 묘지 한복판에 전나무가 아니라 사과나무가 심긴다고 한들 기쁘기만 할 것 같다. 하얀 사과꽃 피고 져서 사과 한 알 익으면 그것이 손주들 손에 쥐일 생각을 하면서 말이다. 내가 사는 동네 한가운데 묘지가 생겨도 괜찮을 것 같다. 유럽의 마을마다 한복판에 자리한, 꽃이 있고 비석이 있는 공원 같은 그런 묘지라면 …. 우리는 제사를 지내고 죽은 조상을 기리면서도 죽음 자체에 대해서는 왜 그렇게 멀리하려고

할까. 우리 동네에서 10분 걸리는 광주에는 '납골당 유치 결사반대' 현수막이 공원묘지 앞에 주르르 붙어 있다.

그러니 브레히트가 글을 쓰던 그곳은 얼마나 대가다운 집필실이었는지. 묘지를 산책하며 그는 늘 죽음을 친근하게 여겼으리라. "죽은 물고기만이 물결을 따라 흘러간다"는 내가 좋아하는 구절도 여기서 생각했는지도 모른다. 아직도 싱싱한 꽃이 놓인 브레히트와 헤겔의 묘 앞에서 사진을 찍으면서 나는 생각했다. 열렬하게 독일 파시즘과 싸우며 독일의 격동기를 살아 내고 파시즘에 저항하며, 수많은 친구가 나치에게 죽어 가는 것을 지켜보면서 「살아남은 자의 슬픔」을 곱씹었던 그, 전쟁 후 스스로 동독을 선택해 말년을 보냈던 브레히트. 세계적인 작가가 되고 동독뿐 아니라 서독에서조차 추앙을 받았던 그는 행복했을까. 누구도 행복하지만은 않다는 것을 알면서 그런 어리석은 질문을 언제나, 타인을 향해 하고 있는 나는.

해가 뉘엿거리며 지고 있었다. 오후 네 시 배를 타고 우리는 킴제를 빠져나왔다. 11시 30분 뮌헨 역에서 함부르크로 가는 밤차가 예약되어 있었으므로 시간은 충분했다. 주버 여사는 괜찮다면 자신의 집에 가는 건 어떻겠느냐고 물었다. 물론 나로서는 기쁜 일이었다. 주버 여사는 뮌헨 근교에서 살고 있었다. 우리로 치면 작고 소박한 연립주택 같다고나 할까. 그런데 작은 뜰이 있고 집은 삼 층이었다. 집 안으로 들어가니 꼭

왼쪽 수녀원 성당 내부. 성당에 방문했을 때 보기 드문 풍경인 혼례미사가 거행되고 있었다.

작은 갤러리에 온 것 같았다. 내가 사진을 찍으니까 부끄럽다며 그만두라고 수줍게 말한다.

"여기도 수도원이잖아요. 혼자서 도 닦는 수도원."

주버 여사가 웃었다. 말해 놓고 보니 정말 그럴지도 모른다는 생각이 들었다. 사람 사는 곳이 사실은 다 수도원이라는 생각이 이곳에 온 원래의 사명을 밀치고 마음속에 들어선다. 스페인 피정에서 사 왔다는 십자가, 최영심 화백의 아이들 그림 …. 주버 여사는 지하실 사우나에서 과일 창고, 이 층의 침실까지 자신의 집을 소개해 주고 나서 직접 만든 애플파이를 내왔다. 뭘 좀 마시겠느냐고 묻기에, 괜찮다고 물이나 한 잔 달라고 했더니 "우린 물 같은 것 없어요" 하며 웃으면서 와인 한 잔 그득 내민다. 맛있는 독일 화이트 와인이다. 나야 와인을 물보다 좋아하지만 낮에 마신 맥주도 있고 해서 나답지 않게 최대한 점잔을 빼며 마셨다.

"결혼 안 한 거 후회해 보신 적 없어요?" 내가 물으니 주버 여사는 "마리아는 결혼한 거 후회해 본 적 없어요?" 묻는다. 하는 수 없이 내가 웃으니 "마찬가지예요" 한다. 깨끗하게 정돈된 서재 겸 거실에 앉아 와인을 마시며 저무는 뮌헨 거리를 내다보는데 '세상에는 사는 방법도 참 가지가지로 많겠구나' 하는 당연한 생각이 당연하지 않게도 가슴을 치며 지나갔다. 내가 이런 인생을 살았으면 어떻게 됐을까. 이런 호젓한 집에 남편도 자식도 없이 평생을 홀로 살면서 싫도록 책을 읽고 싫도록 여행을 다니고, 그리고 돌아와 지하 사우나에서 한 시간쯤 땀을 빼고 있다

주버 여사의 집. 혼자 살아서인지 거실에도 침대가 있다.

가 먼 이국에서 온, 말도 잘 통하지 않는 손님을 안내해 주고 그에게 애플파이와 와인을 대접한다면.

아무리 다시 젊은 건 싫다고 했지만 가끔 나도 그런 생각을 할 때가 있었다. 다시 산다면, 다시 한 번 스무 살의 나로 돌아간다면, 이 모든 것을 알고 다시 시작할 기회가 한 번이라도 온다면 …. 아마 나는 생각했던 것 같다. 스무 살 대학 시절로 돌아간다면, 전두환도 없고 파시즘도 없다면 아마도 밥도 못 먹을 정도로 끙끙 앓는 연애를 하거나 죽도록 책을 읽을 것 같다고, 코피가 나도록 도서관의 책이란 책은 모두 읽어 치울 것 같다고 …. 그리고 몇 년 후 그 생각은 다시 수정되는데 이번에 연애는 내 인생의 목록에서 빠져 버린다.

가끔 사람들이 물었다. "젊을 때 학교 다닐 때 연애 많이 하셨죠?" "아니에요, 정말 안 해 봤어요." 두 손까지 내젓고 부인하다가 나는 스스로 맥이 빠져 버린다. 지금 이 사람이 날 심문하고 있는 것도 아닌데 내가 뭐 이렇게까지 열과 성을 다해 그 사실을 부인하고 있을까. 아무리 나 스스로 주관적으로 생각하기에 그것이 사실이라 해도, 뭐 이제 와서 했으면 어떻고 안 했으면 어떻겠나. 하지만 가끔 영화나 소설 혹은 텔레비전 드라마에서 "우린 변변히 연애도 못했어" 하는 대사를 들으면 나는 생각하는 것이다. 내가 그 마음 알지, 우린 정말 변변히 연애도 못했어!

하지만 나는 내 젊은 날들을 감사하고 소중하게 생각하고 있다. 제레미 아이언스 같은 남자만 골라서 연애를 천 번 했다는 사람하고도 안 바꿀 만큼 값있었다고. 젊음이 다 가 버린 지금 나는 생각한다. 그때 그렇지 않았다면, 변증법적 유물론을 고민하기 위해 하느님까지 부정하지 않았더라면, 내 일과 미래의, 혹시나 있을지도 모르는 부귀와 영화, 공장으로 떠나면서 작가가 되고 싶다는 꿈까지 부인해야 했던 젊은 날이 없었다면, 하늘을 우러러 부끄럽다면 어떤 부도 어떤 명예도 거부하겠다고 큰소리치던 그 철딱서니 없는 젊은 날이 없었다면 내 인생은 얼마나 가련했을까.

"정말 유물론 때문에 신앙을 거부했었고 그래서 18년 만에 성당에 다시 갔단 말이에요?"

주버 여사는 믿기지 않는다는 듯이 다시 물었다. 뭐 딱히 우리 동아리의 선배들이 당장 "성당 다니지 마" 한 것도 아니었는데, 뭐 그렇게밖에는 설명할 수가 없긴 했다.

"뭐 그랬어요. 가난하고 소외된 사람들을 위해 사는 거 그게 하느님을 위해서 사는 또 다른 방법이라고 생각하기도 했고 …."

주버 여사는 흥미 있다는 듯이 내게 바싹 다가왔다. 왜 이런 이야기에 이렇게 흥미를 느끼는지 좀 의아했다. 아까 배 위에서 주버 여사는 가톨릭이라면, 수녀들이라면 젊은 시절 사립학교의 경험으로 너무나 충분하다고 손을 내저으며 말했던 사람이었으니까.

"저기 … 내 막내 여동생이 있는데, 이따가 걔가 뮌헨대 앞에서 저녁을 낼 거거든요. 걔가 독일공산당에서 활동하다가 최근에 그만두고 슬럼프에 빠졌는데 어떻게 마리아를 보면 좀 도움이 되지 않을까요. 내가 날마다 기도했는데 애한테 하느님 이야기가 영 씨알이 안 먹혀서."

기차도 타야 했고 저녁도 먹을 겸 뮌헨 시내로 가는데 주버 여사는 계속 막내 브리기트 이야기를 했다. 브리기트 주버는 독일의 68세대, 우리로 치면 386세대다. 다른 사람들 다 떠나고 흩어졌는데 브리기트 주버는 남아서 공산당의 열성적인 조직원으로 일했던 모양이었다. 그러나 지난 2~3년간 그들의 부패마저 폭로되고 나서 막냇동생 브리기트는 상심에 젖어 그저 그림만 그리고 있다고 했다.

뮌헨대 앞으로 가니 브리기트가 나와 있었다. 막내라고 하지만 그녀의 나이도 벌써 쉰, 짧게 자른 머리와 청바지가 아직도 청순한 느낌의, 그러나 남독일 여성 특유의 좀 무뚝뚝해 보이는 인상의, 아름다운 중년 여성이었다. 그녀는 내게 인사를 청하고 나서 그리스 식당이 어떻겠느냐고 물었다. 왜 싫겠는가, 가뜩이나 바이에른 지방의 소박하다 못해 단순무식한 식사에 진저리를 치고 있던 나는 그리스 식당이라는 말에 입맛부터 다셨다.

그리스 식당에 도착하자 웨이터부터 주방장까지 모두 나와 우리를 반겼다. 브리기트가 화장실에 간 사이 주버 여사가 내게 속삭인다.

"브리기트가 단골을 잘 만들지 않는데, 여기 오면 웨이터며 주방장까지 모두 친해요. 그런 걸 보면 저 주방장하고 웨이터 녀석들도 분명 제 나라에서 사회주의자 하다가 쫓겨난 녀석들인 게 틀림없어…."

나는 맏언니인 엘리자베스 주버를 보며 웃었다.

"브리기트한테 말 좀 잘해 봐요. 유물론자였다가 어떻게 하느님께 다시 돌아왔는지."

어떻게 하느님께로 돌아왔는지, 그건 나도 잘 모른다. 18년 동안 한 번도 하느님의 이름을 부른 적이 없다거나 한 번도 기도해 본 적이 없다거나 한 번도 성당 근처에 가 본 적이 없다거나 그런 것은 아니었으니까. 예를 들어 내가 제일 무서워하는 비행기가 이륙할 때나, 마음이 산란할 때 가끔 기도를 했던 것도 사실이었다. 그러나 언제나 눈앞에 벽이 서 있는 느낌이었을 뿐, 단발성으로 끝나고마는 일이었다. 신에 대해 확신도 관심도 없었다. 그러다 나중에는 책을 읽다가 '하느님'이라는 구절만 나오면 책을 덮어 버리고 읽지 않았다. 지금 생각해 보니 그 현상은 어쩌면 사춘기 시절, 책을 읽다가 젊은 남녀의 육체가 함께 잠자리에 드는 장면만 나오면 책을 덮어 버렸던 그런 감정과 비슷한 것이었다고나 할까. 어쩌면 나는 하느님에 대해 관심이 많았는지도 모른다는 생각이 지금 든다. 그렇지 않았다면 그렇게 책을 덮어 가면서까지 거부할 필요도 없었을 테니까.

기독교도 불교도 사람들이 있는 조직이었고 그래서 나쁜 사람도 좋은 사람도 있는 법이었는데 어쩌면 그렇게 기독교의 단점만 내 눈에 들어왔는지. 그러면서도 해인사에서 만난 한 스님이 계속 쫓아오면서 "포르노 한번 보실래요?" 했던 것은 내가 불교에 대해 가진 생각에 별 영향을 주지 않았다. 그저 '별 그지 같은 중도 다 있네' 무덤덤히 생각했을 뿐…. 그런데 나는 왜 유물론자였다가 18년 만에 하느님에게 돌아와 이 기행을 하고 있을까? 나는 모른다. 다만, 한 가지는 안다. 나는 내 삶이 더 이상 내 것이 아님을 알았고, 그래서 나는 구덩이에 빠진 기분이었고 그러니 사방이 막혀 버려서 하는 수 없이 하늘을 올려다보아야 했는데, 그때 거기 하느님이 '나, 여기 언제나처럼 네 곁에 있다'고 간절하게 말씀하셨다는 것밖에.

브리기트는 내가 왜 수도원을 도는지, 하느님께로 돌아왔는지는 관심이 없고, 한국의 현 정세에 대해 물었다. 삶을 고뇌하는 자는 '이미 신을 아는 자'라고 나는 생각하고 있다. 하물며 그 고민이 이웃과 사회에 대한 생각이었다면, 브리기트는 이미 마음속에 있는 신을 알고 있을 거라는 생각이 들었던 거였다. 방황하고 절망하고 고된 인간들의 마음속에 깃드는 자신만의 신을 …. 브리기트 주버는 잠시 후, 기차 탈 때까지 자신의 집에 가자며 나를 끌었다. 졸지에 독일에서 두 자매를 만나 하룻저녁에 두 자매의 집을 방문해야 하는 행운을 누리게 된 나로서는 그저 고마울 따름이었다. 식사를 마치고 차를 타러 가는데 브리기트는 중얼거렸다.

　"정치 … 우리 세대는 정치에 치여 버렸어."

　늦가을 밤, 뚝뚝 낙엽이 지는 한길 거리에서 나는 키가 큰 브리기트의 옆모습을 올려다보았다. 딱히 내게랄 것도 없지만, 영어로 말했으니 나 들으라고 한 게 틀림없는 그 말은 어딘가 귀에 익었다. 나는 문득 엘리자베스 주버가 "유럽의 젊은이들은 행복하지 않아요"라고 말한 이유를 알 것 같았다.

함부르크
스콜라스티카 수녀원
독일

삶의 의미를
잃어버린 사람은 누구나

나는 어렴풋하게 알 것 같았다. 삶의 의미를 잃어버린 사람들은
'삶의 의미를 찾아 헤매는 사람들'의 다른 이름이라는 것을.
의미 따위에 아무 관심이 없는 사람이라면 의미를 잃어버릴 이유가 없을 테니까.

함부르크

　　　　　　　　　　혼자서 이체에ICE 밤기차 한 칸을 차지하는 호사스러운 밤을 보냈다. 주버 여사와 뮌헨 역에서 헤어져 무거운 짐을 끌고 매점으로 뛰어가 작은 와인을 한 병 샀다. 둘이서 타는 일등칸 침실을 혼자 타니 우리 돈으로 한 13만 원, 웬만한 호텔비이지만 혼자서 밤차를 타 보는 호사를 놓치기 싫었다. 기차가 출발한 후 샤워까지 해 보았다. 젖은 머리를 하고 창문을 열었다. 밤기차는 레일을 따라 달리고 있다. 멀리 어둠 속으로 작은 불빛들이 별처럼 반짝이고 기차가 지나쳐 버리는 작은 역에는 가로등 불빛이 촛불처럼 은은했다. 와인을 한 잔 따라서 마시려니까 혼자서 흐뭇하고 행복했다. 마흔이 다 된 아줌마가 누리는 최고의 호사라는 생각이 들었다. 하느님, 정말 고맙습니다. 짧게 기도하고는 깜빡 잠이 들었는데 새벽, 기차는 북독일 함부르크에 도착하고 있었다.

새벽의 함부르크는 청회색이었다. 토마스 만 소설의 소년 '토니오 크뢰거'가 덴마크식 수병 모자를 쓴 잘생긴 금발의 '한스 한센'과 학교를 마치고 걸어올 것 같은 도시. 열 살 남짓의 토니오 크뢰거가 잘생긴 모범생 한스 한센을 두고서 "더 많이 사랑하는 사람은 언제나 패배하고야 마는 악착같은 인생의 진리를 나는 그때 이미 깨달았다"라고 중얼거리며 우두커니 서 있을 것 같은 도시. 두꺼운 벽돌로 쌓은 집들이 있고 항구가 있고, 흐린 부둣가를 금발의 창녀들이 천천히 걸어갈 것 같은 어두운 도시. 내게 함부르크는 처음이었다.

새벽 함부르크 역에 M형은 나와 있지 않았다. 시간은 새벽 4시 50분, 아직 동도 트지 않아서 좀 당황스러웠다. 독일의 다른 역은 모두 평지인데 왜 하필 혼자서 도착한 함부르크 역은 이 층인지 …. 새벽이라 그런지 에스컬레이터도 멈추어 있었다. 나는 트렁크를 들고 낑낑거리며 계단을 올랐다. 역은 넓었다. 이건 완전 촌닭이 서울역에서 만나자고 한 꼴이 되어 버린 것이다. 하는 수 없이 공중전화를 찾아 전화를 걸고 있는데 M형이 뛰어왔다. "지영 씨!" 하는 억양은 여전하다. 마흔이 넘어서도 언제나 소년 같은 그는 겨우 5분이 늦었을 뿐인데도 미안하다며 짐부터 번쩍 든다. 이건 바퀴가 있는 거라 끌어도 된다고 말해도 괜찮다고 한다. 하는 수 없다. 그가 고집을 부리면 그냥 놔두는 수밖에.

예약해 둔 호텔에 짐을 풀고 함부르크 시내 호숫가를 산책했다. 뮌헨보다 훨씬 북쪽인데 뮌헨보다 춥지는 않았다. 아무래도 바다의 영향이리라. 높고 뾰족한 산 말고 넓고 깊은 바다 곁에 있으면 찬바람도 덜 차가워지는가 보다. 함부르크 시내 중심의 호숫가엔 크리스마스트리가 한창이고 시내 중심엔 꽃처럼 반짝이는 전구들을 단 크리스마스 마켓이 서 있다. 우리네 장터와 다르지 않은 분위기였다. 새벽에 기차에서 조금 먹고 내린 터라 배가 고픈데 눈앞에서 원판처럼 돌아가는 커다란 석쇠에는 소시지들이 숯불에 이글이글 익어 가고 있다. 휴일 산책을 나온 독일 사람들이 커다란 소시지를 거품 많은 맥주와 함께 맛있게 먹고 있었다. 혼자서라도 그걸 사서 먹고 싶은 걸 꾹 참고 점심을 같이 먹기로 하고 집으로 돌아간 M형을 기다렸다. 역시나 그는 또 10분쯤 늦게 헐레벌떡 뛰어온다. 뛰려면 조금 일찍 오든지, 늦으려면 뛰지 말든지. 그러나 어쩌겠나, 내가 그를 안 지 10년, 저것이 그의 딜레마인 걸. 잘나가던 출판사 주간 자리를 버리고 마흔이 넘은 나이에 유학을 떠나 혼자 고집스레 출판 공부를 하고 있는 것도 사실은 다 그 딜레마의 힘일 것이다.

뛰어온 M형에게 소시지를 가리켰더니 그는 고개를 젓는다. 광우병이 얼마나 심각한지 한 30분 설명을 해 대니, 사실 소시지를 먹고 싶은

오른쪽 함부르크 시내 호숫가 크리스마스트리에 전구가 켜졌고, 시내 중심엔 꽃처럼 반짝이는 전구들을 단 크리스마스 마켓이 서 있었다.

마음도 사라졌다. 그러면 길거리에서 파는 중국 튀김국수를 먹자고 하니, 자기는 그렇게 길거리에서 파는 음식을 먹어 본 적이 없단다. 그래서 그럼 레스토랑에 가자고 했더니 너무 비싸단다. 함부르크 길거리에서 오랜만에 선배를 만나 나는 웃음을 터뜨리고 말았다. M형은 하나도 변하지 않았기 때문이었고, 변하지 않는 것을 보는 건 그리 나쁜 기분이 아니었다. 아무리 굶어도 음반과 오디오 그리고 책을 사는 데 돈을 아끼지 않는 그는 더 야위어 있었다. 먹는 것을 싫어하는 사람에게 이것저것 먹자고 했으니 아무래도 함부르크 쪽 기행은 배를 주리고 다닐 게 뻔했다.

"길거리에서 파는 중국 국수는, 내가 예전에 베를린에서도 먹어 봤는데 맛있어. 나는 유럽 와서 중국 튀김국수가 이렇게 맛있는 거 처음 알았거든. 그러니까 형도 먹어 봐."

누가 가이드이고 누가 손님인지 알 수 없는 상황이었다. 나는 배가 고파 와구와구 먹는데 M형은 계속 중국 쿡의 위생 상태가 의심스러운 모양인지 울상을 짓고 먹고 있다. '이러니 나이 마흔이 넘도록 혼자 사는 것도 당연하지' 소리가 친구 같으면 입 밖으로 나왔겠지만 그래도 명색이 선밴데 싶어 나는 그저 가만히 있었다.

M형은 생각과는 달리 수도원들의 허가가 잘 떨어지지 않는다며 그래서 겨우 알아낸 것이 남쪽으로 두 시간쯤 달려야 하는 오스나브뤼크 Osnabrück 수도원이라고 했다. 서울에서 전화로 문제없을 거라고 했던 것과는 딴판이었다. 하기는 남독일이나 오스트리아와는 달리 북독일의 가

톨릭은 개신교에 비해 그 힘이 매우 미약하다고 했다. 그리고 그 시간도 예상과는 달리 하루를 더 기다려야 할 것 같다고 한다. 하는 수 없이 함부르크에서 이틀을 더 머물러야 했다.

주일인 다음 날, M형과 아침에 호텔 로비에서 만나 한인 성당의 미사에 가기로 했다. 가톨릭 용어 통역에 자신이 없다며 이곳에서 10년째 러시아문학을 전공하고 있는 B씨를 소개해 준다고 한다. 그는 이곳 유학생들 사이에서도 유명한 독실한 신자라고.

한인 성당에 가기 위해 함부르크 시내를 벗어나 15분쯤 달리는데 비가 뿌렸다. M형이 날씨 걱정을 했다. 벌써 몇 달째 계속 이런 날씨라며 맑은 하늘 본 지가 언젠지, 가끔 미쳐 버릴 것만 같다고 그는 말했다.

"괜찮아, 형. 내일 우리가 수도원으로 갈 때는 날이 갤 거고, 그리고 내가 떠나면 다시 비가 올 거야."

그는 어안이 벙벙한 모양이었다.

"정말이야. 그러니까 형도 이제 성당에도 좀 다니고 이전에 살면서 알게 모르게 잘못한 거 회개도 하고 그렇게 살아."

그는 운전대를 잡은 손을 잠시 허공에 휘젓더니 어이가 없다는 표정이다. 하기는 2년 만에 만난 내게서 이런 말을 들을 줄은 상상도 못했을 것이다. 그가 잠시 후 말했다.

"지영 씨, 어쩌다 그렇게까지 됐어?"

성당 입구에 도착하니 나 역시 어안이 벙벙했다. 한인 교포 사회가 빌려 쓰고 있는 독일 성당 이름이 '함머'Hammer 성당이다. 작가적 상상력을 발휘하여 우리말로 하자면 망치 성당인데, 아닌 게 아니라 정말 망치같이 생겼다. 프랑스의 섬세한 성당과 스위스와 남독일의 호사스럽고 우아한 성당들을 거쳐 온 내게 성당의 망치 모양이 눈에 들어올 리가 있겠는가. 하지만 지하에는 벌떼 과붓집, 1층에는 파파이스 치킨집, 4층에는 남성 전용 전화휴게실이 있는 상가의 6, 7층에 있는 우리 동네 성당보다는 낫다고 생각하는 수밖에.

어쨌든 들어갔더니 신자 수가 꽤 많았다. 마침 새 신부님이 부임해 오시고 지난 신부님이 떠나는 날이라서 그런가 보았다. 하지만 오랜만에 무슨 소리인 줄 알고 미사를 드리니 좀 살 것 같았다. 18년 만에 성당의 미사에 나가니 변한 것이 몇 가지 있었다. 첫째는 나보다 어린 신부님이 계시다는 거였고, 둘째는 미사통상문의 구절이 많이 달라져 있다는 점이었다. 미사 중간에 신부님이 "하늘 높은 곳에서는 하느님께 영광" 하면 신자들이 소리를 맞추어 "땅에서는 마음이 착한 사람에게 평화" 하고 답하던 것이 "땅에서는 하느님이 사랑하시는 사람들에게 평화"로 바뀌어 있었던 것이다. 처음 미사에 참석해 이 구절을 읊는데 '하느님이 사랑하는 사람들? 그렇다면 그게 몇 명이나 되겠어?' 하는 의문이 스치고 지나갔다. 몇 초 후 '맙소사, 그게 모든 사람이라는 말이구나' 깨달았지만 내 무의식이 가지고 있는 하느님상이라는 게 그 정도였던 것이다. 나

함부르크 지역 교포들이 빌려 쓰는 함머 성당. 내부에 망치 같은 모양의 장식물이 있다.

는 하느님이 정말 깨끗한 인간만, 정말 바른 인간만 사랑하실 거라는 생각을 마음 깊이 가지고 있었는지도 모른다. 그러니 나를 염려하신다거나 나를 돌보신다거나 더더욱 나를 사랑하실 거라는 사실을, 마음 깊은 곳으로는 믿고 있지 않았던 것이다. 헤세가 말했다.

> 경건하다는 것이 건강과 명랑함을 의미한다는 사실을
> 나는 모르고 있었다.
> 믿는 마음이란 단순하고 소박하며 건강하고 조화로운 인간이나
> 아이들, 원시인만이 가질 수 있는 것이다.
> 단순하지도 소박하지도 못한 우리 같은 인간들은
> 숱한 우회로를 통해서만 이 신심을 찾아낸다.
> …
> 자신에 대한 믿음이 바로 신심의 출발이며
> 우리들이 믿어야 할 신은 우리들 마음 가운데 있다.
> 자신을 긍정하지 못하는 사람은 신을 긍정할 수 없다.

그리고 만 하루를 나는 꼬박 앓아누웠다. 함부르크 역에서 혼자 무거운 트렁크를 가지고 계단을 오를 때 아마 늑골을 다친 모양이었다. 오른쪽 갈비뼈가 당기면서 으슬으슬한 게 몸살기까지 몰려오고 있었다. 먼 독일의 북쪽 항구, 휑뎅그렁한 호텔의 침대에 누워 끙끙 앓는데도 이

몸살 기운이 차라리 달콤했다. 경험상 이건 분명 좋지 않은 징조였다. 비가 그치고 창밖으로 불어 가는 북부의 밤바람 소리는 맹렬한데 나는 열에 들뜬 얼굴로 일어나 앉아 차가운 맥주를 마셨다. 나는 혼자였고 이국의 바람 소리는 내 감상을 부추길 법도 했지만 나는 다시는 지난 시간을 돌아보고 싶지 않았다. 언젠가 친구가 전생을 보게 해 주는 유명한 정신과 의사를 소개해 주겠다는 말을 했을 때 한마디로 거절하면서 나는 대답했었다.

"이 생의 기억만으로도 끔찍해. … 전생까지 보고 만다면 나는 죽어 버릴 거야."

하지만 내 생이 내 것이 아니듯, 내 몸이 내 말을 듣지 않듯, 내 혀가 마음과는 다른 말만 골라 하듯, 마음대로 되는 건 없는데, 그중 제일 말을 듣지 않는 이 마음이라는 것이 제멋대로 과거로 거슬러 오르기 시작했다.

회개라는 성경의 용어는 원래 히브리어로 '거슬러 올라가다', '물살을 거슬러 올라가다', '악한 것에 대항하다', '자기 자신을 극복하는 데 필요한 조건을 설정하다'라는 어원을 가지고 있다는 걸 안 건 최근이었다. 예수님이 공생활을 시작하면서 하신 첫 말씀 "회개하라!"는 그러므로 단순한 반성의 차원이 아닌 것이다. 그러니 그 밤 나는 회개를 하고 있었던가. 시간의 물살을 거슬러 과거로 올라가면 누구라도 그러하듯이, 나는 침대 머리맡에 앉아 나의 어리석음이 펼쳤던 내 인생의 드라마를 두 눈 똑바로 뜨고 다시 바라보는 형벌을 받았다. 이제 순종이라는 말의 아름다운 의미를 알 만한 나이가 된 나는 무릎을 꿇고 대답했다. 아멘.

내 생이 결코 내 맘대로 되지 않는다는 것을 뻔히 알면서도 내 인생은 나의 것이어야 한다는 이 딜레마. 우리 삶에 상처를 입힌 사람들을 용서할 수 없는 고통에 시달리면서 바로 그 순간에도 나는 또한 남에게 잊지 못할 상처를 주고 있는 딜레마 …. 아까 길거리에서 M형에게 뛰려거든 늦지나 말고 늦으려거든 뛰지나 말라고 했던 것은 그러므로 사실은 나 자신에게 해 주어야 할 말이었다. 그렇게 살았거든 후회하지 말고 후회하려거든 그렇게 살지 말아야 했다고 …. 카뮈가 그렇게 말했다. 내가 만일 내 인생의 전환기를 느낀다면 그것은 내가 얻은 바에 의해서가 아니라 내가 잃은 그 무엇 때문이라고 …. 지난 세월 동안 나는 노력하면 무엇이든 이룰 수 있다는 터무니없는 자신감을 잃었고, 누군가 나를 행복하게 만들어 줄 거라는 기대를 잃었다. 그러니 이제 또 무엇을 잃고 서울로 돌아가야 하는지, 새벽이 올 때까지 그렇게 혼자 뒤척이며 나는 깨어 있었다.

스콜라스티카 수녀원
– 마구간의 수녀님들

아침 여섯 시 반에 함부르크를 출발했다. M형은 아직 잠이 덜 깬 얼굴이고 통역을 맡아 줄 B씨는 젊은 총각답게 뽀송뽀송한 얼굴이다. 고속도로를 타고 남쪽으로 달렸다. 일찍 뜬 해가 오늘 날씨가 화창할 것임을 예고하고 있었다. 두 사람은 날씨가 좋다고, 이런 날 도서관에 앉아 있었어도 공부가 되지 않았을 거라고 했다. 이렇게 좋은 날 여행을 가니 이게 다 공지영 씨 덕이라고, 날씨 이야기에 한 시간쯤을 할애한다. 날씨가 좋은 게 다 내 덕이라고 해도 가난한 유학생들이 휴게소에 들러 먹는 아침 식사 비용은 내가 지불하는 수밖에.

겨우 시간에 맞추어 베네딕도회 스콜라스티카 수녀원Benediktinerin-nenabtei St. Scholastika Kloster에 도착했다. 도착해 보니 이 수녀원은 오스나브뤼크에서 자동차로 30분 거리에 있는 딘클라게Dinklage라는 작은 마을에 있었다. 정문이 마치 일본식 지붕처럼 생긴 것이 이채로웠다. 어제 이 수도원에 대한 설명을 잠깐 들었다. 원래는 베를린 근교의 알렉산더도르프Alexanderdorf에 있던 이 수녀원이 독일 분단 후 공산 치하를 피해 서독 지역으로 이사 와야 했는데 자리가 없었단다. 그때 한 귀족이 자신이 별장으로 쓰던 이 터를 선뜻 내어 주었고 수녀님들은 이곳으로 이사 와서 귀족의 별장을 수녀원으로 만들었다고 했다. 성당이 있는 자리는 원래 마구간이었는데 수녀님들이 근처 개울에서 자갈을 날라서 마구간의 진창에 한 알 한 알 자갈을 박아 성당을 일구었다는 것이다. 처음 그 이야기를 들었을 때 얼마나 놀라웠는지, 검은 수녀복을 입은 수녀님들이 무릎을 꿇고 자갈 하나하나를 진창에 박고 계신 모습이 떠오르는 것만 같았다. 지금 계시는 수녀님은 서른한 분, 제일 나이 많은 분이 아흔여섯 살, 가장 젊은 수녀님이 서른한 살 그리고 예비 수녀님이 두 분 계시다고 했다. 이곳의 수녀님들은 주로 직조와 재봉 그리고 영성체에 쓰이는 밀떡을 만들어 수도원 경비를 충당하신다고 했다.

부원장 수녀님은 베네딕도회에서는 "손님을 예수님처럼" 여긴다며 옆에 앉은 M형에게, 신자가 아니어도 좋으니 "삶의 의미를 잃어버렸다고 생각하는 사람은 누구라도 와서 쉬어도 좋다"고 권하셨다. 이곳에는

일본식처럼 보이는 수녀원의 문

5일에서 8일까지의 피정 코스가 있는데 대침묵을 통한 피정이라고 하니 독일어를 몰라도 될 것 같았다. 원장 수녀님은 아일랜드 피정을 가셨다고 해서 부원장 수녀님에게 향기로운 차와 비스킷을 대접받고 잠시 이야기를 나누다가 성당으로 갔다. 낡은 서까래며 나무 골조들이 완연한 것이 정말 이곳이 한때는 말들이 살던 마구간이라는 것을 말해 주고 있었다. 언젠가 김정웅 신부님의 강론을 들은 생각이 났다.

"강남의 호화로운 교회를 지나갈 때마다 나는 생각하곤 했어요. '예수님은 정말 저 안에 계실까. 저 금방석이 편하실까. 예수님은 원래 마구간 출신이 아닌가.'"

바닥은 놀랍게도 엄지손톱보다 조금 큰 자갈들로 빽빽이 채워져 있었다. 문득 우리 성당들이 생각났다. 내가 사는 분당은 신도시. 처음 신앙심을 찾고 교회든 성당이든 어디든 가서 기도를 하려고 분당을 헤매고 다니는데 정말 들어가고 싶은 곳이 없었다. 산을 깎고 나무를 베어 낸 교회는 가고 싶지도 않았다. 자연을 파괴하고 나무를 마구 베어 콘크리트를 올리는 사람들이 하느님을 경배할 리가 없다는 생각 때문이었다. 하느님의 창조물인 자연을 아무렇게나 여기는 사람들이 그 창조자인들 제대로 모실까 싶었던 것이다.

기도 시간이 되어 수녀님들이 들어오셨다. 이곳 역시 봉쇄수도원이지만 신자석과 수녀님들 사이에는 상징적인 철책만 있을 뿐이었다. 한 가지 놀라운 것은 똑같이 베네딕도회인데 이곳에서는 그레고리오 성가로 노래를 부르는 대신 책의 구절들을 낭송한다는 것이었다. 이것이 라틴 피가 많이 섞인 남쪽 사람들과 게르만 피가 많이 섞인 북쪽 사람들의 차이인가 하는 생각이 들자 신기하고 우스웠다. 더구나 남독일 수녀님들의 그 흐르는 듯한 노랫소리 대신 이곳에서 독서를 하는 수녀님들의 발음은 아주 딱딱했고 이성적이었다. 나로 말하자면 하느님께 찬미를 드리는 방법이 이렇게 가지가지라는 게 기뻤다. 언젠가 아프리카의 미사곡을 들은 일이 있는데 토속 악기로 반주하는 성가가 거의 축제의 노래 같았다.

기도가 끝나고 점심시간이 되어 식당으로 갔다. 이곳 수녀원은 주로 신부님이나 수녀님들의 재교육을 담당하는 프로그램을 맡고 있었다. 그래서 그분들이 묵을 수 있는 건물이 수도원 앞에 따로 마련되어 있었다. 누구든, 그 사람의 종교나 국적 그리고 나이에 상관없이 '삶의 의미를 잃어버린 사람은 누구나' 여기에 와서 묵을 수 있다고 아까 부원장 수녀님이 하신 말씀이 생각났다. 나는 어렴풋하게 알 것 같았다. 삶의 의미를 잃어버린 사람들은 '삶의 의미를 찾아 헤매는 사람들'의 다른 이름이라는 것을. 의미 따위에 아무 관심이 없는 사람이라면 의미를 잃어버릴 이유가 없을 테니까.

손님용 식당 안에는 젊은 수사님과 젊은 예비 수녀님 두 분이 앉아 먼저 식사를 하고 있었다. 이곳에서 피정을 하고 계신 분들이었다. 우리

오른쪽 위 수녀원의 안뜰
오른쪽 아래 성당 내부. 마구간의 서까래가 그대로 드러나 있다.

위 왼쪽 성당 안의 성수통
위 가운데 성당 안의 예수상
위 오른쪽 십자가의 길 제14처
아래 왼쪽 성당 안의 돌로 쌓은 제단
아래 오른쪽 성당 안의 단순하고 소박한 십자가

는 긴 탁자에 그분들과 함께 앉았다. 메뉴는 소시지와 양상추 그리고 으깬 감자가 전부였다. 광우병 때문에 소시지는 절대로 먹지 않는다던 M형은 역시 소시지는 빼놓고 감자와 샐러드만 먹고 있고, B씨는 없어서 못 먹지 이게 웬일이냐 하며 먹는 얼굴이었고, 나로 말하자면 광우병 걸리고 안 걸리고는 다 내 팔자지 하며 맛있게 먹었다. 먹으면서 훔쳐 보니 앞에 앉은 수사님 얼굴이 너무 잘생겼다. 잘생긴 정도가 아니라 우유에 갓 헹구어 냈다고 해도 좋을 만큼 맑은 얼굴, 그리고 깊은 눈이 인상적이었다. '저렇게 잘생긴 분이 수사님 해도 괜찮나' 하는 지극히 통속적인 생각이 들면서 그분에게서 풍기는 그윽함에 나도 모르게 고개가 숙여졌다. 부디, 그 그윽함과 맑음을 하느님께서 지켜 주시기를 기도할밖에.

점심을 먹고 수녀원 뜰을 산책했다. 거위며 오리 그리고 양들의 모습도 보인다. 이곳 역시 자급자족하기 위해 수녀님들이 가축들을 키우시는 모양이었다. 잠시 후, 젊은 홍보 담당 수녀님이 우리에게 오셨다. 나더러 특별히 보고 싶은 곳이 있으면 이야기를 하란다. 내가 수녀님들의 무덤을 보고 싶다고 했더니, 조금 놀라시는 표정으로 왜 하필 그곳이냐고 물으신다.

"그냥요, 모두가 죽잖아요."

수녀님은 다시 망설이신다. "수녀님들의 묘지는 원래 외부에는 공개가 안 되는 곳인데 …" 하더니 앞장을 서셨다. 홍보 담당 수녀님은 원래 영국 태생이시란다. "그래요?" 내가 물으며 영어로 질문을 드렸더니 영어로 대답하시다가 "나 우리말 많이 잊어버렸어요" 하며 웃으셨다.

"영국 분이 왜 이곳에 와서 수녀님이 되셨는지 물어봐도 돼요?"

내가 물었다. 수녀님은 좀 곤혹스러운 표정을 짓더니 "사람이 결혼하는 이유하고 같겠지요" 하며 웃으신다. 나도 웃을밖에.

"대학 2학년 땐가 유럽 여행을 하다가 우연히 이곳에 들르게 되었어요. 이곳이 내가 살아야 할 곳이라는 생각이 들더군요. 그래서 대학을 졸업하고 이곳으로 다시 와서 살게 되었지요."

우리는 커다란 울타리에 달린 녹슨 자물쇠를 열고 정원으로 들어갔다. 작은 비석이 놓인 무덤들이 고요하게 거기 있었다.

"여기 있는 이 비석은 특별한 사연을 가지고 있지요⋯."

하도 예쁘고 앙증맞은 비석이 있길래 내가 손으로 가리켰더니 수녀님이 설명을 해 주셨다.

"이분은 원래 사생아로 태어나셨다고 해요. 수녀원 학교에서 공부를 하고 이곳에서 수녀님이 되고 싶었는데 받아들여지지 않았죠. 사생아는 수녀가 될 수 없었으니까요. 이 수녀님은 하는 수 없이 간호학교에 들어가 간호사가 된 후 수많은 병자를 돌보시며 유명해지셨어요. 특히나 가난한 병자를 향한 그분의 헌신이 사람들을 감동시킨 것이었죠. 유명해진 후에도 수녀님이 되고 싶다는 열망에는 변화가 없으니까 그제야 수도 서원을 받으시고 이리로 오셨지만 곧 병이 들어 반신불수가 되어 버리셨어요. 제가 이십 대 초반 이리로 왔을 때 이 수녀님을 뵌 적이 있어요. 불편한 몸으로 절뚝이며 수녀원 안으로 걸어가시곤 했지요. 이 수녀님은 평생 사제들을 위해 기도하셨는데, 돌아가신 날 그 시간에 마침 교구 성당에서 사제서품식이 올려졌어요. 그래서 이 수녀님의 조종과 사제서품의 종이 같이 울려 퍼졌지요."

사생아라고 수녀님이 되고 싶다는 사람을 내치다니 가톨릭도 너무하다 싶었다. 그렇게 권위적이고 관료적이어서 자신의 소망을 오래 버려둔 사제를 위해 그 수녀님이 기도하신 건 어쩌면 너무도 당연한 일이리라. 따지고 보면 예수님도 사생아가 아니신가. 일전에 어떤 유명한 전직 교수이자 동양학 강사가 텔레비전에서 이 말을 했다가 사람들의 분노를 샀지만, 사실 세속적 눈으로 볼 때 예수님이 사생아이시므로 나는 그리스도교가 좋았다. 가난한 마리아와 요셉이 지상에 방 한 칸 차지하지 못하고 마구간에서 낳을 수밖에 없던 비참한 아기가 하느님의 아들이시라는, 지극한 신비가 기독교의 매력 아닐까.

가난한 목수의 아들인 예수, 그 높으신 분이 그토록 낮은 곳을 택해 이 지상을 찾아와서 이번에는 제대로 배우지도 못한 거지 떼 같은 제자들과 몰려다니시다가(그분과 제자들의 행색을 상상해 보면 그럴 것 같다는 것이, 아무도 확인해 주지 않는 내 생각이다) 도둑들과 함께 당시의 사형 도구인 십자가에 달리신다. 심지어 옆에서 똑같이 십자가에 달린 일개 도둑도 엄살을 부

수녀원 묘지의 십자가

묘지에 놓인 비석들. 각각의 비석에는 저마다의 사연들이 담겨 있다.

리지 않는데, 십자가 하나 지지 못할 만큼 나약한 하느님의 젊은 아들은 "주님, 어찌하여 나를 버리시나이까?" 괴롭게 울부짖는다. 이렇게 비천하고 낮고 나약하고 겁 많은 젊은이가 인류를 구원하고 나를 구원할 예수님이 아니었다면 기독교는 얼마나 재미없는 종교였을까.

오래된 비석 위엔 연초록 이끼가 환하고 주위엔 아름드리나무가 많아서 아늑한 묘지, 삶과 죽음이라는 유명한 명제가 다시 한 번 내 가슴을 스치고 지나갔다.

해가 질 무렵 우리는 수녀원을 떠나 브레멘으로 향했다. 고속도로를 달리는데 그날 통역을 맡아 주었던 B씨가 나에 대해 이것저것 묻더니, 문득 말했다.

"누군가를 죽도록 미워해 본 적이 있으세요?"

목소리가 비장해서였을까, 세 사람이 탄 차 안에 일순 정적이 감돌았다.

"… 누군가를 죽이고 싶도록 미워해 본 적은 있지요."

내가 대답하자 B씨는 그동안 끊었다던 담배를 피워 물며 잠시 침묵하다가 다시 입을 열었다.

"다시 질문하지요. 그래요, 제 질문은 원래 누군가를 '죽이고 싶도록'이었습니다. 그런데 저는 그만 '죽도록'이라고 말하고 말았군요…."

이제는 M형까지 담배를 피워 물었다. 운전대를 잡고 있는 그의 뇌리 속으로 수많은 사람의 얼굴이 명멸하고 있으리라.

"누군가를 죽이고 싶었을 때 뭐라고 기도했어요?"

내가 묻자 그는 잠시 가만히 있다가 입을 열었다.

"그 사람을 용서하게 해 달라고 말했어요."

"왜요?"

"… 그래야 한다고 생각했어요."

"그게 진심이었나요?"

무슨 잔인한 심보였을까, 나는 그를 더 밀어붙이고 있었다. 그는 묵묵히 담배만 피우다가 고개를 떨구었다.

"아니요 …. 지금 생각해 보니 죽이고 싶다는 것이 진심이었던 것 같아요."

그는 거의 울먹이고 있었다.

"그러면 그렇게 기도하지 그랬어요 …. 하느님 맘에 안 드셔도 어쩔 수 없지만 죽여 버리고 싶은 생각뿐이라고, 지금 제게는 그 생각뿐이라고 …. '그러니 하느님이 좀 죽여 주면 안 돼요?' 하고 어린애처럼 물어볼 수는 있는 거잖아요. 그렇다고 하느님이 내 기도 듣고 괜히 그 사람 죽여 주실 리는 없으니 안심도 되고 …. 입으로 아무리 착한 소리만 해도 어차피 하느님은 내가 숨기려는 우리 마음속까지 알고 계신 분일 텐데."

"그렇게 기도하시나요?"

"예, 저는 그렇게 기도해요. 사람한테 부끄러워 못하는 말을 하느님

한테는 다 해요. 문자 그대로 별말을 다 하는 거죠. 어차피 다 아실 테니까요. 그런데 신기한 건 '최대한 솔직하게 기도하자', 마음먹어도 하느님과 내게 솔직하기조차 참 힘이 든다는 거예요. 내 마음이 어떤지 알아낸다는 게, 옳든 그르든 내가 진짜 바라는 게 뭔지 알아낸다는 거, 그거 참 어렵다는 것을 저도 요즘 생각하고 있어요."

B씨의 얼굴은 침통했다. 한참 후 그가 입을 열었다.

"… 그러니까 제 신앙생활도 이런 기만의 연속이 아니었나 싶어요. 모범생이었지요. 학교 다닐 때나 성당 다닐 때나 …. 부모님들도 남들도 다 그렇게 말했지요. 하지만 오늘 왠지 모든 것이 다 거짓말이었다는 생각이 들었어요. 왜인지는 나도 모르겠어요."

왜였을까, 그건 나도 모른다. 수도원의 어떤 것이, 어쩌면 우리를 안내해 주던 영국 출신 수녀님의 흰사슴 같은 얼굴이나, 어쩌면 작은 돌무덤으로 남아 있는 한 사람의 일생이, 어쩌면 수도원 뜰의 고요가, 그중 어떤 여리고 부드러운 것들이 완강한 그의 껍질을 깨 버렸는지 …. M형이 우리의 대화를 듣고 있다가 갑자기 휴게소에 차를 세웠다. 커피를 한 잔씩 뽑아 들고 우리는 잠시 휴게소 벤치에 앉았다. 트럭들이 지나가고 독일 차가 지나가고 커피는 향기로웠다. 우리는 고속도로 너머로 지는 해를 바라보며 앉아 있었다.

누군가를 미워하고, 미워하다 못해 증오하고, 그를 죽여 버리고 싶다 못해, 그냥 저절로 내 손에 피 한 방울 안 묻히고, 그 사람이 고통스러운 병에 걸려 천천히 죽어 가기를 바랐던, 그러면 나는 고통받으며 죽어 가는 그를 앞에 두고 두 눈 똑바로 뜨고 빙긋이 웃으며 그 모습을 지켜보리라, 이를 악물던 그런 황폐한 날들이 내게도 있었다. 증오가 사랑보다 강렬한 것을 알게 되고, 미움 앞에서 사랑은 얼마나 무력하게 사위어 가는지 알게 되었던 그런 날들이 내게도 있었다. 그를 파괴하고 싶은 욕망이 결국 나 자신을 파괴하고 싶은 욕망에 다름 아니었다는 것도 모르던 그런 날들이 …. 다시 신앙을 찾았을 때 나는 기도했다.

"다시 돌아왔지만 그 사람을 용서하라는 말일랑은 하지 마세요. 설사 그것 때문에 지옥에 간다 해도, 물론 지옥에 가는 건 무섭지만, 그래도 지금 나는 그 사람만은 용서할 수가 없습니다. 그 말만은 내게 하지 마세요. 하느님 … 다른 건 다 돼도 그것만은 안 됩니다."

당장 그를 용서하라는 계시를 받은 것도 아닌데 나는 성당에 앉아 "안 돼요, 안 돼요" 하며 엉엉 울었다. 사실 지옥은 누가 우리를 억지로 보내 버리는 그런 곳이 아니었나 보다. 곁에 두고 그를 증오하던 마음이, 사랑이 미움 앞에서 무력하게 사라지던 걸 속수무책 바라보아야 했던 그 시절이, 내 스스로 걸어 들어간 지옥이었을 뿐.

송봉모 신부님의 『상처와 용서』라는 책에 그런 말이 나온다. 용서는 상대방을 위해서가 아니라 자기 자신을 위해서 하는 것이라고. "그래, 그 사람도 이런저런 사정이 있었어. 그러니 나한테 잘못했을 거야." 이렇게 말하는 것은 값싼 용서이고, "나는 그 사람을 사람으로서는 도저히 용서할 수 없습니다. 그러나 하느님의 이름으로 그 사람을 용서하게 되기를 바랍니다"라는 게 진짜 용서라고. 헨리 나우웬의 말처럼 우리는 "상처를 딛고 일어설 자유"를 얻어야 한다. 나 역시 많이 편안해진 후에, 돈이나 명예, 사랑이나 이름에 대한 집착을 버려야 한다고 날마다 되뇌며 살던 어느 날 깨닫게 되었다. 내가 상처에 대하여, 그것이 차마 집착인 줄도 모르고, 그 어느 것보다 더 무섭게 집착하고 있었다는 것을.

아주 어두워져 브레멘으로 들어온 우리는 저녁을 먹고 헤어졌다. M형은 내내 말이 없었다. 나는 그를 위해, 지금 그의 마음속에서 명멸하고 있을 수많은 얼굴을 위해 기도해야겠다고 마음먹었다. 브레멘의 한 외곽에서 그들이 잡아 주는 택시를 타고 코페르니쿠스 가로 출발했다. 창밖에는 짙은 어둠뿐이었고 두 사람의 얼굴이 그 어둠 깊숙이 희미하게 멀어지고 있었다.

사랑은 스스로 찾아온다

하느님은 나를 기다려 주신 것이다. 18년 동안 물끄러미 바라만 보면서, 당신이 가진 전지전능의 능력을 오직 기다리는 데 사용하신 것이다. 오래도록 헤매어 다니던 한 사춘기 소녀의 영혼에게 하느님은 이제야 대답을 주신다.

이상한 영명축일

그리고 다시 며칠을 나는 앓아누워야 했다. 원래 잘 아프지 않는 체질인 나에게도 이 차갑고 습기 많은 유럽의 겨울 기행은 아무래도 무리인가 보았다. 아니면 무엇이든 한번 하겠다 마음먹으면 무섭도록 몰두하는 내 성격에 대한 하느님의 배려였을까. 그도 아니면 독일에서 안식년을 보내고 계신 남 교수님 댁, 고춧가루가 들어간 매운탕이 있고, 김치가 있는 가정에 들어서니 그만 집으로 돌아온 듯한 착각에 빠졌는지도 모르겠다.

베를린으로 떠나기로 한 일정을 취소하고 염치 불고, 열에 들떠 며칠간 먹고 자고 했다. 가끔씩 한밤에 눈을 뜨면 아이들이 보고 싶었다. 남아 있는 열흘 정도의 일정이 귀찮아졌고 집에 가고 싶을 뿐이었다.

그렇게 사흘쯤 비실거리며 매운 것을 실컷 먹으니 몸이 좀 나아졌다. 몸이 나아지니 마음도 싱싱해져서 나는 그 집 아이들을 데리고 브레멘 돔으로 갔다. 원래는 가톨릭 성당으로 지어진 건물이 이제 개신교 교회로 사용되고 있다고 했는데, 그 위세가 대단했다. 브레멘Bremen은 작고 아름다운 도시, 실제 동화에서는 브레멘에 도착하지도 않은 「브레멘의 동물음악대」 인형들이 거리 곳곳에서 팔리고 있었다. 내 꿈은 이다음에 늙어서 좋은 동화를 쓰는 것인데, 도시 하나가 한 편의 동화 때문에 유명해질 수 있다는 게 부러웠다. 크리스마스 마켓에서 뜨거운 포도주인 글뤼바인Glühwein을 사 먹고 아이들과 풀빵을 먹으며 걸어 다녔다. 원래 해가 지면 골목에 그림자도 비치지 않는다는 독일 사람들도 모두 거리로 나온 듯, 제각기 먹고 마시고 작은 놀이 기구를 타고 있었다. 이 집의 안주인인 한 선배가 선물로 뭘 좀 사 주겠다고 했는데 나는 두 손을 저으며 사양했다. 그때 나는 그게 금덩이라도 받을 수 없었다. 내가 욕심이 없어서가 아니라 짐 때문이었다. 여행 기간 내내 짐에 치여 무엇을 산다는 것은 꿈도 못 꾸고 누가 뭘 주면 고맙기는커녕 그렇게 싫을 수가 없었다. 책 욕심 많은 내가 그중 무거운 책을 가장 두려워했으니 욕심 많은 사람이라면 한 번쯤은 누구나 길에 나서볼 일이다. 나중에는 짐 가방이

지금은 개신교 교회로 사용되고 있는 브레멘 성당의 모습

위 브레멘의 크리스마스 마켓
가운데 브레멘 구시가지 곳곳에 있는 아름다운 장식품 중 하나
아래 브레멘 시내 한 백화점의 홍보 천사들

고 카메라고 다 버리고 스님들처럼 바랑 하나만 지고 떠나고 싶었다. 인도를 여행한 강석경 선배의 말을 빌리면 "눈썹조차 무거워 떼어 버리고 싶어지는 그런 순간"이었다. 하지만 나는 또 짐을 꾸려야 한다. 하루 더 머물고 뒤셀도르프Düsseldorf로 떠나야 했기 때문이다.

다음 날은 내 영명축일이었다. 내 세례명이 마리아인데 마리아를 기념하는 여러 축일 중 내 축일은 마리아가 '원죄 없이 잉태되신 날'이다. 그런데 마리아가 잉태된 날은 어떻게 알았을까? 마리아의 부모가 날을 정해서 합방을 했던가. 어쨌든 그게 12월 8일이니, 마리아는 한 9월 초쯤 태어나시지 않았을까 싶다. 그러면 열두 별자리 중에서 처녀자리인데, 마리아의 이미지와 아주 잘 맞아떨어진다. 뭐 이런 쓸데없는 생각을 하다가 '내일은 브레멘 돔에 가서 조용히 기도라도 드려야지' 하며 잠이 들었다. 그리고 그 다음 날 나는 아주 이상한 영명축일을 맞게 된다.

발단은 그저 그러려니 하고 넘어가지 못하는 내 성격 탓이었다.
내가 신세를 진 댁의 바깥양반이신 남 교수님은 유명하신 분이다. 첫째로 불의를 보면 참지 못하는 그분의 성격 때문이고(그분은 시위 경력으로 인해 징계를 받은 제자의 졸업을 위해 단식 농성까지 하셨다) 또 하나는 입은 바지를 또 입고 입은 와이셔츠를 또 입기로 유명한 그분의, 좋은 말로 하면 털털하고 나쁜 말로 하면 소박한 입성 때문이며, 또 하나는 애처가로 그러시다. 파이프오르간을 전공하신 부인의 손가락이 다칠세라 설거지는 언제나 도맡아 하시고 요리 솜씨도 물론 좋으시다. 언젠가 그분 댁에 갔더니, 부인이 아니라 남 교수님이 부엌에서 나오시면서 "내가 끓인 만둣국이 아주 맛있는데 드세요" 하시기도 했다. 그런데 이번에 그분 댁에 머무르다 보니 이상한 점이 하나 있었다. 부인과 말을 하다가 "전의 내 첫사랑, 첫사랑" 하시는 것이었다. 뭐 별 뜻도 없고 별 내용도 없는 말이었는데 자꾸 내 귀에 거슬렸다.

"남 교수님, 왜 자꾸 첫사랑 이야기 하세요? 제 남편이 그랬으면 지금쯤 부러진 자기 뼈를 추리고 있을 텐데."

그러자 남 교수님은 물론 한 선배까지 나서서 뭐 어떠냐고 하는 것이었다.

"나도 옛날 남자친구 이야기 만날 하는데 뭐."

이 집은 그렇게 사나 싶어서 그냥 넘어가려고 하는데 한 선배가 내게 다가와 물었다.

"지영 씨, 그 말 그렇게 이상하게 들려?"

"이상하죠. 지금 같이 사는 상대방 보고 '내 사랑 내 사랑' 해도 모자랄 시간에 지난 이야기는 왜 하고 있어요. 솔직히 기분 좋아요?"

한 선배는 "그럼, 아무렇지도 않지" 하다가, 순간 표정이 어두워지더니 "솔직히 기분이 좋은 건 아니지" 하는 것이었다.

"난 쉽게 용서하는 사람들 믿지 않아요. 무작정 너그러운 사람도 믿지 않고요. 예수님도 십자가의 형이 다 끝나 갈 무렵에야 '아버지 저들을 용서하여 주십시오' 했잖아요. 십자가의 고통도 거치지 않고 잘도 용서하는 거, 그거 교만이거나 위선이거나 둘 중 하나 아니에요? 아닌 건 아니라고 먼저 인정하고 그다음에야 용서를 하든지 이해를 하든지 …. 안 그러고 건너뛰면 꼭 후유증을 앓게 되더라고요."

목사님의 딸이자 두 오빠가 목사님인 한 선배는 곰곰 생각에 잠겼다. 그것이 시작이었다. 그러고는 나는 브레멘 돔에 가서 기도하기는커녕 집 밖으로 한 발자국도 나가지 못한 채 그 부부와 날밤을 새게 된다. 프라이버시도 있고 해서 자세한 이야기는 할 수 없지만, 그 부부는 서로가 함께 겪은 아주 오래전의 어떤 일에 대해 서로 오해하고 있었고, 서로 용서하지 못하고 있었고, 그러면서 서로 덮어 두고 있었던 것이 가끔씩 도드라지는 불화의 진짜 원인이었다. 말하자면, 그 첫사랑이 문제가 아니었던 것이다. 하지만 서로 모른 척 덮어 둔 아주 작은 사건의 상처는 곪아서 가끔씩 이상한 냄새를 이 부부 사이에 풍기고 있었던 것이다. 서로 말 못하고 있었지만 "다 말해 놓고 나니 아무 일도 아니었네" 하고 두 분 다 아침이 오자 말했다.

아침 일곱 시 뒤셀도르프로 떠나는 열차를 예약해 두었는데 잠도 한숨 자지 못한 나는 너무도 피곤했다. '내가 이래서 탈이라니까, 남의 일에 또 열을 내다니' 싶은 생각도 들었다. 두 부부는 자신들도 느끼지 못했지만 위력을 발휘했던 앙금을 찾아내 해소하니 너무 기쁘다며, 이

거야말로 사회과학자인 남 교수님 용어로는 진짜 M.T.이며 목사님 딸인 한 선배의 용어로는 성령 세미나였다며 내가 보는 앞에서 점잖지 못하게 서로 포옹을 하고 난리도 아니었다. 아침에 시계를 보니 그렇게 내 영명축일이 지나가 버린 것이었다. 나는 잠시 두 손을 모으고 '하느님, 이것도 기도로 쳐 주실 거죠?' 물었다. 대답이 없으신 걸 보니 아마 그러실 테지 …. 남 교수님이 새벽에 잠시 눈을 붙인 사이 열차 시간을 맞춰야 하는 우리는 진한 커피를 물처럼 마시며 앉아 있었다.

"지영 씨, 어제 놀랐어. 어떻게 그렇게 차분하고, 어떻게 우리의 문제점을 그렇게 아무도 아프지 않게 끌고 갈 수가 있었어?"

"저도 그게 이상해요. 저도 제가 왜 잠도 안 자고 저답지 않게 차분하게 이러고 있나 몇 번이나 생각했지만 그만둘 수가 없었어요. 그러니 이건 뭔가 하느님이 하신 일 같아요."

내 대답에 한 선배는 벌린 입을 다물지 못하더니, "내가 그렇게 교회 가자고 할 땐 안 가던 사람이 어떻게 된 거야?" 물었다.

나는 담담하게 내가 어떻게 신앙을 찾게 됐는지 이야기했다. 나는 꽤 담담히 이야기를 했는데 한 선배는 갑자기 휴지를 뽑아 들고 엉엉 울기 시작했다. '유서 깊은 기독교 집안의 자제인 데다가 열렬한 기독교 신자이니 집을 떠난 탕자 같은 내가 돌아왔다고 이토록 감격해하는구나' 하고 있는데 한 선배가 말을 꺼냈다.

"지영 씨, 나 사실 내 신앙이 껍데기만 남고 죽어 가는 걸 모른 척하고 지내고 있었는데, 갑자기 그런 생각이 들어, 내 껍데기가 깨어지고 있다는 그런 생각."

'정말?' 하는 생각이 들었다. 한 선배라면 우리 주변에서도 열렬하기로 유명한 신자인 데다가 우리가 모임을 하고 있어도 교회 일이라면 벌떡 일어나 단호히 떠나던 그런 사람이었다. 그런 사람이 나 같은 초년병 앞에서 고해성사라도 하듯 이런 말을 하게 될 줄 나는 상상도 하지 못했다. 놀란 것은 그러니 오히려 나였다.

"하나님이 지영 씨를 우리 집에 괜히 보내 주신 게 아니었나 봐. 게다가 수도원 기행에 통역으로 함께 참여하게 된 것도."

기차 시간이 다가와 택시를 부르고 나서 간단한 짐을 챙기며 나는 이 여행을 떠나기 전 내가 드렸던 기도를 떠올렸다. 나는 내가 이 기행에서 만나게 될 모든 사람이, 그리하여 나를 안내해 주고 취재하게 도와줄 모든 사람이 그저 나의 취재거리가 되지 않기를, 그저 나의 길 안내자가 되지 않기를 기도했다. 그러니까 그도 변하고 나도 변하는 어떤 계기가 혹여 만들어질 수 있다면, 그래서 너에게 나에게 이것이 좋은 일이 될 수 있기를 기도했던 것이다. 솔직히 어려운 여행을 성사시켜 주신 하느님께 뭐 좋은 기도를 해야 할 것 같아 드린 기도였는데 '정말 들어주시려나 보다' 하는 생각이 들었다.

창밖을 보니 가늘게 비가 뿌리고 있었다. 함부르크의 M형이 이곳 브레멘으로 전화를 걸어 "지영 씨 떠나니 진짜 비가 내리네" 하길래, "거

봐" 하고 뽐낸 것이 어제였는데 어떻게 하나 부끄러운 생각이 들었다. 하지만 'M형에게는 아무 말도 말아야지' 결심했다.

우리는 이른 새벽 브레멘 역에서 기차를 기다리면서 나의 하느님과 그녀의 하나님에 대해 이야기했다. 그리고 그것을 잊고 살았던 많은 시간에 대해서. 기차를 타자 한 선배는 두꺼운 성경을 꺼냈다. 짐을 싸면서 일부러 오랜만에 성경을 넣었다고 했다. 그녀는 성경을 펼치더니 오늘 아침 문득 한 구절이 생각났다면서 로마서 1장 20절을 읽기 시작했다.

"하느님께서는 세상을 창조하신 때부터 창조물을 통하여 당신의 영원하신 능력과 신성과 같은 보이지 않는 특성을 나타내 보이셔서 인간이 보고 깨달을 수 있게 하셨습니다. 그러니 사람들이 무슨 핑계를 대겠습니까?"

한 선배는 그 구절을 읽으면서 울었다. 왜 그가 그런 구절을 지금 읽고 눈물을 흘리는지 알 수는 없었지만, 또 남들이 보면 성경을 펼쳐 놓고 훌쩍이는 우리 꼴이 완전히 오지로 전도를 떠나는 열성 선교단 행색이겠지만 나도 그녀를 따라 눈물이 나왔다. '내가 한심하게 살았구나, 약삭빠른 길로 빨리 간다고 열심히 갔는데 그게 결국 내가 그토록 피하고 싶었던 제자리였구나', 불현듯 깨달음이 왔을 때 얼마나 눈물이 쏟아지는지 나는 알고 있었고 그걸 겪은 지 얼마 되지 않았기 때문에 그 생각이 또 났던 거였다.

대체 눈물이란 무엇인지, 아마도 영혼과 육체가 통하는 통로가 있다는 증거가 눈물이 아닐까. 마음이 슬플 때 가장 먼저 반응하는 육체의 한 현상이 그것이니까. 한때 지난날을 돌아보며, 내가 잘못 살아온 나날들을 돌아보며 나는 얼마나 많이 울었는지 … 슬퍼서 운 게 아니고 어리석은 내 꼬락서니가 한심해서 울었다는 게 정확하리라. 오죽하면 『존재는 눈물을 흘린다』라는 소설 제목을 다 생각해 낼 정도였다. 하지만 울면 울수록 내 영혼의 아픈 부분이 씻겨져 내리는 카타르시스 또한 있었다. 그렇게 울고 나면 얼마나 배가 고프던지, 회개는 다이어트 방법으로도 좋을 것 같다. 그건 분명 막대한 칼로리를 쓰는 중노동임은 분명하다. 눈물을 흘리고 나서 그렇게 먹어 댔는데도, 이상하게 통통 부어 있던 몸은 다시 예전의 체중을 되찾았다. 친구의 말로는 처리되지 않은 분노와 슬픔으로 엉겨 붙어 있던 비곗덩어리를 눈물로 녹여 버렸다고 했다.

그렇게 두 아주머니가 성경을 펼쳐 놓고 울고 있는데 갑자기 한 선배가 소리쳤다.

"지영 씨, 저기 봐! 무지개야!"

창밖을 바라보니 비가 개면서 거짓말처럼 쌍무지개가 찬란했다. 얼마 만에 보는 무지개인지 우리는 어린아이처럼 무지개를 보며 탄성을 질렀다. 하느님이 창조물을 통하여 당신의 영원하신 능력과 신성과 보이지 않는 특성을 나타내 보이셨다는 성경 구절을 읽자 마자여서 놀랍기도 했다. 하지만 놀라는 건 놀라는 거고, 우는 건 우는 거고, 나의 소임은 취재에 있는지라 이 장면을 쓸 때 넣으려고 배낭에서 사진기를 꺼내 들이댔다. 지상에서 하늘로 반원을 그리며 뜬 두 개의 무지개는 그러나 달리는 열차 가까이에 있는 장애물들에 걸려 좋은 구도가 잡히지 않았다. 창문에 카메라를 댄 채로 셔터를 누를 기회를 기다리며 한 5분쯤 지났을까, 어느 순간 무지개는 사라져 버리고 없었다. '설마, 무슨 무지개가 그렇게 일찍 사라져 버릴까' 싶어서 다시 카메라를 붙들고 기다렸지만 무지개는 다시 뜨지 않았다. 그동안 우리가 탄 기차는 빠른 속도로 남진을 계속하고 있었다.

"저거 … 환영 아니었죠? 분명 나 혼자 착각을 일으킨 거 아니었죠?"

내가 묻자 한 선배는 "지영 씨도 보고 나도 봤잖아"라고 말했다.

우리는 이상한 생각에 문득 주위를 돌아보았다. 컴파트먼트compartment로 된 기차의 작은 방 안에는 한 선배와 나만 타고 있었다. 그러니 주변의 독일 사람들에게 "아까 무지개 뜬 거 맞죠?" 이렇게 물어볼 수도 없었다.

"환영이었던 거 같아. 분명 내 두 눈으로 봤지만 …. 왠지 그럴 것 같다는 생각이 들어."

그녀는 잠시 눈물도 멈추고 멍하게 앉아 있었다.

"지영 씨 큰일 많이 시키시려고 하느님이 부르셨나 봐."

한 선배는 말했다. 나는 고개를 저었다. 내가 맨 처음 신앙인으로 돌아왔을 때 날 위해 기도해 주던 사람들도 그렇게 말했다. 나 자신 역시 내가 글을 쓰고 어느 정도 이름을 얻은 사람이니 하느님이 날 쓰시려나 보다 약간은 설레고 약간은 두렵고 한 중에 그런 생각에 동의하고 있었다. 그런데 어느 날 나는 깨닫게 되었다. 글을 잘 쓰는 사람은 나보다 많다. 유명하기로 따지면 나보다 훨씬 많은 사람들이 있다. 하느님 앞에서 내 잔재주가 얼마나 하찮은 것이던가. 하느님이면 전지전능한 신인데 뭐가 아쉽겠는가. 하느님께서 불러 주신 것이 사실이라면 그 이유는 나를 쓰기 위해서가 아니라는 생각이 든 거였다. 조용한 성당에 앉아 있다가 나는 알아 버린 것이다. 그건 그저 그냥, 사랑이었다는 걸.

그러는 사이 기차는 어느 작은 역에 서고 있었다. 한 독일 할머니가 기차에 타더니 우리 칸으로 문을 열고 들어왔다. '빈자리도 많은데 하필 여기 올 게 뭐야' 하는 생각을 하면서 눈물을 닦고 냉정하게 앉아 있는데, 할머니는 한 선배에게 독일어로 말을 걸었다. 원래 유럽 사람들도 회사 일이나 급한 출장이 아니면 일등칸을 잘 타지 않는다고 들었는데, 할머니 행색이며 일등칸을 탄 것이며 평범한 집안의 할머니는 아니지 싶었다. 한 선배가 눈물로 얼룩진 눈을 닦으러 화장실로 간 사이 독일 할머니는 또 내게 말을 걸어왔다. 독일어를 못한다고 하자, 할머니는 기다렸다는 듯 "나 영어도 잘해요" 한다. 무지개가 환영인가 아닌가 헷갈리는 중에 할머니가 "나 영어도 해요" 하며 말을 걸자 조금 귀찮은 기분도 들었지만 "예, 예" 하고 있는데, 할머니가 손수건을 꺼내 울기 시작했다.

"올해 1월에 남편이 죽었다우. 그래서 내가 평생 처음으로 혼자 살아 보고 있는데, 지금 나는 우리 딸을 만나러 가요. 우리 딸은 6년 전 아이를 낳은 다음부터 너무나 아파요. 우리 딸은 대학을 나와 제3세계 사람들을 위해 무언가 뜻있는 일을 해야 한다고 외국인 이민자들에게 독일어를 가르치는 일을 했다우. 그리고 거기서 아프가니스탄 사람을 만나 결혼했지. 그런데 아이를 낳고 딸애가 아프자 그 회교도는 사라져 버린 거예요. 회교도 남편은 아픈 아내를 필요로 하지 않을 테니까. 그 손주들을 거두러 내가 지금 가는 길이라니까."

할머니는 자신이 교사였으며 딸 위로 있는 두 아들 중 하나는 의사이고 하나는 과학자이며 자신은 남편이 남겨 준 넉넉한 재산으로 잘살고 있다고 했다. "모슬렘 허스밴드 더스 낫 니드 일 와이프"라는 발음을 했을 때 할머니의 눈에 빛나던 그 증오심, 딸의 일을 생각하면 회교도들에게 치가 떨리고 기가 막히다는 생각밖에 없다고 계속 엉엉 울어 댔다. 듣고 보니 너무나 딱했다. 할머니의 딸도 딸이지만 아비는 사라지고 어미는 병석에 누운 그 할머니의 손주들이 너무나 가여워졌다.

하지만 회교도 남편 말고 사라지는 것은 많이 있다. 무지개도 사라지고 꿈도 사라지고 한 사람에게 퍼부었던 내 사랑도 환영처럼 사라지고 …. 그것은 또한 남의 일이 아니다. 우리는 또 얼마나 사라지는가, 상대방에게 나의 사랑이 가장 필요하다는 것을 알면서, 엄마를 찾는 아이의 절절함을 알면서 …. 또한 나 자신으로부터도 얼마나 스스로 몸을 숨겨 사라져 남의 얼굴이 되어 버리는가, 어떤 사람의 말대로 10년 전의 나는 오늘의 나가 되어 있으리라고는 상상도 하지 못했으면서 어쩌면 그렇게도 날마다 사라져 버리고 말 계획을 세우고 있는지 ….

뒤셀도르프 역이 가까워 오길래 우리는 짐을 싸며 우리가 지금 수도원으로 가는 길인데 그곳에 가서 꼭 할머니와 따님 그리고 손주를 위해 기도하겠다고 약속했다. 그러고는 할머니에게 물었다.

"혹시 아까 무지개 못 보셨어요?"

할머니는 '웬 무지개?' 하는 얼굴로 고개를 저었다. 만일 할머니가 나타난 일도 로마서에 적힌 대로 하느님이 당신의 창조물을 통해 우리에게 신성을 보여 주시는 거였다면 그건 무슨 뜻이었을까, 무지개를 본 감격이 다 사라지기도 전에 잘사는 나라 독일의 불행한 할머니가 나타나 불행한 딸과 불행한 손주의 이야기를 꺼내는 것은 …. 할머니와 악수를 나누고 뒤셀도르프 역에서 내리면서 나는 생각했다. 무지개와 할머니, 이것이 바로 내가 살고 있고 또 살아 내야 할 이 세상이구나.

마리엔하이데 수도원

　　　　　　　　　　마리아의 언덕, 독일어로는 마리엔하이데Marienheide에 위치한 수도원으로 우리는 출발했다. 초면인 김은애 여사는 오십대 중반의 키가 작고 아담한 아름다운 여성이었다. 서울에서 한 번, 브레멘에서 한 번 이렇게 단 두 번의 전화 통화를 한 것이 전부인 그녀는 일본 소녀처럼 자른 단발머리를 하고 감색 투피스가 단정한 옷차림으로 웃고 있었다.
　　뒤셀도르프 일정이 여행의 마지막 일정이긴 하지만 사실 이곳이 계획상으로는 제일 먼저 결정되었다. 서울에서 처음 전화를 드렸을 때 김은애 여사는 내 말을 듣고 있다가 알아보겠다고 하셨다. "그럼 언제쯤 다시 전화를 드리면 확실하게 알 수 있을까요?" 물었더니, 김은애 여사는 "만일 이게 하느님이 원하시는 일이라면 다 잘될 건데, 확인 전화는 뭐하러 해요? 그냥 유럽 와서 그 날짜쯤에 전화나 주세요" 하셨다. 처음에 스케줄이 잘 잡히지 않을 때, 첫 번째로 응낙을 해 준 분이 이분이었다. 그때 이분의 확신에 차고도 담담한 목소리에는 이상하게 사람을 안심시키고 감동시키는 힘이 있었다. 이분이 유럽을 돌면서 강연을 많이 하신다니 그럴 법도 했지만 그 이상의 무언가가 그 목소리에는 담겨 있었다.

다시 비가 뿌리고 있었다. 김은애 여사는 전화 통화에서도 내내 시간이 없다는 말씀을 하셨는데, 알고 보니 하시는 일이 거의 전 유럽을 망라한 것이었다. 그 작은 아우디 자동차에 달려 있는 내비게이션을 작동시키며 유럽 전역을 순회하는 분이셨다. 어제도 한국 사람 50명분의 식사 준비를 하루 종일 진두지휘하셨다고. 사람들과 함께 피정과 성지순례를 다니는 분이신가 보았다. 트렁크에는 어제 아이들에게 먹이다 만 음료수가 잔뜩 들어 있었고 오늘밤에 또 한국인 신부님 회갑연이 있다고 했다. 사실 우리가 빽빽한 일정에 끼어든 셈이 된 것이다.

우리는 김은애 여사의 아우디 자동차를 타고 고속도로를 달리기 시작했다.

김은애 여사는 우리가 타자마자 아들 이야기를 꺼내셨다. 자신의 아들이 의대를 졸업했는데 지금 독일의 국가 교수 자격증인 하빌리타치온

Habilitation을 준비하고 있다고 했다. 그건 의사든 학자든 함부로 따기 어려운 자격증이라고, 아빠 없는 아들이 너무나 잘 자라 주어서 고맙다고. 왜 그녀가 난데없이 자신의 아들 자랑을 시작하는지 나중에 그녀 자신도 모르겠다고 했지만 한 선배가 또 울기 시작했다. 아무래도 한 선배가 너무 '오버'하고 있는 건 틀림없었다. 떠나기 전 중학교 1학년인 자신의 큰아이와의 갈등을 어떻게 풀어야 좋은 엄마가 되는 건지 고민을 이야기하더니 회개를 너무 많이 하나 보다. 사람들이 어떤 형식으로든 오버하는 걸 질색하는 나였지만 유독 슬픔에 겨워 오버하는 사람만 보면 속수무책인 결점을 가지고 있기에 나도 눈물이 핑 돌았다. 나 역시 하루도 빠지지 않고 고민했던 것이다. 나는 어떻게 하면 좀 좋은 엄마가 될 수 있을까. 내 또래의 친구들 역시 그런 말을 했다. "이 세상에서 제일 어려운 직업이 뭔지 알아? 그건 바로 엄마라는 직업이야."

떠나기 전 김은애 여사에 대해 간단한 소개를 들었다. 독일인 의사와 결혼해 독일로 건너오신 분이며, 아주 신앙심이 깊은 분이라고. 내가 그걸 물었더니 김은애 여사는 담담하게 이야기를 꺼내셨다.

"나는 원래 일본에서 태어났는데 해방 후 한국으로 와서 부산 근교 농촌의 99칸짜리 집에서 살았어요. 나는 무남독녀였어요. 우리 아버지란 양반은 얼마나 복이 없었는지, 그 많은 재산을 가지고도 아이를 얻지 못해 장가를 네 번이나 가야 했지요. 그렇게 해서 겨우 얻은 것이 나였는데 생모는 내가 아주 어렸을 때 돌아가셨다고 해요. 그래서 계모 손에서 자랐지요. 어릴 때 내 손으로 하는 일이라곤 아무것도 없었어요. 아침에 일어나면 하녀들이 세숫물을 갖다 바쳤고, 학교에 갈 때는 하인이 책가방을 들어 주었고…. 그런데 그만 고등학교 1학년 때 폐병에 걸리고 맙니다. 모두 가망이 없다고 할 정도로 중증이었어요. 그래서 부산에 있는 큰 병원에 장기 입원을 해야 했는데, 그때 그곳에 독일인 의사들이 많이 파견되어 있었어요. 그때 우리 남편이 방사선과 의사였는데 어느 날 편지를 보냈더라고요. 병원 앞 다방에서 단둘이 만날 수 있겠느냐고. 그 당시만 해도 여고생 신분인 내가 다방에 간다는 일은 상상도 할 수 없었죠. 그래서 내가 말했어요. 당신같이 나이도 지긋한 사람이 젊은 사람을 놀리면 안 돼요. 그러자 그가 말하더군요. '은애, 나이가 지긋하다니요? 난 겨우 스물일곱이에요.' 그래서 그를 따라 독일로 시집을 왔지요."

낮게 가라앉은 하늘로 계속 가랑비가 뿌리고 있었다.

"남편은 훌륭한 사람이었어요. 제3세계 사람들을 위해 많이 일했죠. 21년 전인 1969년 당시 웬만해서는 갈 수 없었던 중국에 의료봉사단이 파견되었는데 그때 스위스에어가 추락한 사건이 있었어요. 남편이 거기 타고 있었죠. 다행히 그때 남편은 죽지 않고 살아났는데 1년 후 그 후유증으로 죽었어요. 자신도 부상당한 상태에서 무리하게 다른 사람들을 치료하느라 병이 도진 것이었죠. 나중에 사람들이 남편이 비행기 사고 현장에서 자신의 몸을 돌보지 않고 다른 사람들을 치료하느라 더 다치게 됐다는 걸 증언해 주겠다면서 스위스에어를 상대로 소송을 내라고 했지만 그러지 못했어요. 그땐 남편이 죽었는데 그런 게 다 무슨 소용이냐 싶어서. 지금 생각해 보니 소송을 할 걸 그랬나 싶은 생각도 들어요. 그 돈 받아 더 좋은 곳에 쓸 수도 있었던 것인데 …. 나로서는, 당시 일곱 살이던 아들 앞에서 눈물을 보이지 않는 일이 더 중요했어요. 사람은 죽으면 하늘나라에 간다고 아들에게 말을 해 놨으니 울면 안 된다고 생각한 거죠. 사람들이 그 모습을 보고 더 울고 …. 아들이 다 커서 그런 말을 하더군요. '그때 그렇게 의연하게 버텨 주셔서 어머니, 정말 고맙습니다' 하고."

아들을 위해 눈물을 참았다는 말에 눈을 동그랗게 뜨고 귀를 기울이던 한 선배는 다시 울기 시작했다. 한 선배는 남편과 함께 독일 유학 중에 아이를 낳았다. 그게 얼마나 힘들고 지난한 길이었는지는 물어보지 않아도 알겠지만 한 선배는 사춘기에 들어서는 아들과의 갈등에서 생각이 많은 듯했다. 그때 젊은 자기 자신 대한 생각으로 가득 차서 아이를 돌보지 못했다는 죄책감 또한 있을 것이었다. 내가 왜 이렇게 잘 아느냐면 나 역시 그렇기 때문이다. 누군가 그랬다, '자식에 대한 분노는 죄책감의 다른 표현일 뿐'이라고.

"우리 아이가 잘 커 준 것이 무엇보다도 감사해요, 남편이 죽은 후 내 일을 하면서도 나는 그저 그렇게 살았어요. 아들이 '엄마' 하고 부르면 언제든 달려간다. 그때 내가 무엇을 하고 있든 그런다. 저 아이에게는 지금 내가 하느님을 대신하는 거니까."

뒷좌석에 앉은 한 선배의 울음소리가 더 커졌다. 나도 눈물이 핑 돌았다. 아들이 "엄마" 하고 불렀을 때 나는 어떻게 대답했던가. 나는 그랬다. "왜? 왜 자꾸 부르니? 엄마 바쁜 거 안 보이니? 다 큰 게 왜 만날 '엄마 엄마' 하고 난리니?" 차마 입 밖으로 내뱉지는 못했지만 나는 또 이렇게도 말하고 싶었다. '왜 니들은 저절로 크지 않는 거니? 이 엄마는 외할머니가 아무것도 안 해 줘도 저절로 알아서 뭐든 잘하고 큰 것 같은 기억뿐인데, 니들은 내가 손 하나 까딱 안 해도 알아서 공부 좀 잘하고 알아서 뭐든지 해결하고 그럴 수는 없니? 다른 짐승들은 낳아만 놓으면 혼자 헤엄도 치고 혼자 알아서 뛰기도 하는데 인간을 키운다는 일이 이렇게 힘이 들 줄 정말 몰랐다. 니들 땜에 아까운 엄마의 청춘이 시들어 가는구나, 정말 죽겠다 죽겠어.'

"두 분은 내가 보기에 행복하게 살고 계신 것 같은데 왜 그렇게들 우세요?"

김은애 여사가 우리를 보며 물었다. 우리는 울다가 웃고 말았다.

"남편하고 싸우신 일은 없어요?"

김은애 여사는 잠시 입을 다물었다. 한 선배도 나도 그것이 얼마나 어리석은 질문인지 알고 있었지만 김은애 여사는 잠시 침묵하다가 입을 열었다.

"사랑할 시간이 이렇게 부족할 줄 그때도 알았다면 좋았을 것 같아요. 남편과 결혼한 지 15년 만에 남편이 좀 마음에 들더라고요. 그래서 내가 남편에게 그랬죠. "여보, 이제 당신이 나를 떠나 어떤 여자와 결혼한다 해도 좋을 거야. 당신은 이제 완벽한 남자니까." 그러자 남편이 말했어요. "당신 육체의 병은 내가 고쳐 주었지만 내 마음의 병을 고쳐 준 것은 당신이잖아. 오늘의 나는 당신의 작품이야." 그러고는 정확히 2년 후 그가 죽었어요."

우리는 잠시 침묵했다.

'오늘의 나는 당신의 작품이야'라고 말하고는, '그러고는 잘 살았다'가 이야기의 끝이어야 하지 않을까.

"하느님 원망 안 하셨어요?"

내가 묻자 김은애 여사는 빙그레 웃었다.

"그 뜻이 뭘까 생각했어요. 왜 그렇게 하셨을까, 그게 힘들었죠…. 두 분 다 사랑할 수 있을 때 많이 후회 없이 사랑하세요. 그건 결코 손해 보는 일이 아니랍니다."

길가에 펼쳐진 아름다운 독일 마을들 사이로 비가 그치고 안개가 퍼지고 있었다. 사랑해야지, 그건 나도 안다. 한 선배도 그건 알 것이다. 하지만 우리는 모른다. 어떻게 하는 게 사랑인지. 때로는 매를 들기도 하고 때로는 참아 내기도 하고, 때로는 칼끝 하나 들어갈 자리가 없을 만큼 냉정하기도 해야 하며 때로는 한없는 물렁탱이로 남아 '오냐, 오냐' 해야 한다. 주는 것도 사랑이지만 일부러 주지 않는 것이 사랑일 때도 있다. 남편에게도 아이들에게도, 혹은 친구들에게도…. 나는 그것을 모르겠는 것이다. 이 나이를 먹고도, 그 많은 일을 겪고도 …. 하지만 나는 이제 안다. 그건 그저 시간이 해결해 주는 일이 아니며, 그건 그저 가만히 있으면 얻어지는 것이 아니라고. 정상에 오른 박찬호 선수도 날마다 야구 연습을 하고, 세계 일류 피아니스트들도 날마다 연습을 해야 하는데 어떻게 사랑해야 하는지를 저절로 터득할 리가 없다는 것을. 사랑도 다른 모든 것과 마찬가지로 공부와 연습이 필요하다는 것을. 다만 사랑에는 교과서도 선생도 없어서 제 부모의 전력을 모방하거나 배척하면서 그것이 사랑이라고 믿을 뿐.

예수님은 말했다. "내가 너희를 사랑한 것처럼 너희도 서로 사랑하라." 이 구절을 두고 누군가 내게 물었다. "'너희도 서로 사랑해라' 말고 '내가 너희를 사랑한 것처럼'에 대해 생각해 봐." 숙제를 받아 든 학생처럼 나는 성경을 펼쳐 보았다. 솔직히 예수님은 쌀쌀맞을 때가 많았다. 제자들이 몰라서 물어보아도 길게 설명도 안 해 주고 알쏭달쏭 비유만 드는 불친절한 선생이었다. 열심히 먹을 것을 장만하는 마르타가, 다른 여자들 다 일하는데 혼자 앉아 있는 마리아보다 못하다고도 하신다(이런 일이 현대 교회에서 일어났다면 지탄받을 것은 누구였을까?). 어리석긴 했지만 사랑하는 마음에, "예수님, 십자가에서 죽으시면 안 됩니다!" 하는 베드로에게 "이 사탄아, 물러가라!"라는 심한 말씀까지! 대체 베드로가 예수님이 죽었다가 부활하실 줄 어떻게 미리 안단 말인가? 게다가 성전 앞에 가서는 물건을 파는 상인들의 좌판을 뒤집어엎기까지 하신다! 점입가경이다. 좌판들도 다 먹고살고자 하는 짓인데, 더구나 당시 유대는 로마의 식민지, '먹고살 길이 없는데 너희도 어떻게 하겠나' 쉽사리 맘 좋게 용서하지도 않으신다. 보수파들의 원조인 바리사이에게도 끝까지(죽을 때까지) 굽히지 않으셨다.

예수님은 서울말로 하면 깍쟁이셨다. 무엇보다 자기 자신을 아끼셨고 분노를 억제하지도 두려움을 감추려 하지도 않으셨다. 겟세마니 동산에서 피눈물을 흘리신 것도 중요했지만 나는 왜 예수가 '돌맹이 하나 던지면 닿을 만한 거리'에 구태여 제자들을 앉혀 놓으셨는지도 궁금했다. 결국 예수님은 자신이 그저 보통의 나약한 인간임을 감추지 않으셨던 것이다. 그것이 사랑일까….

게다가 예수는 실패한 혁명가, 처형 장소에 이르렀을 때 자신의 동지들을 모두 잃어버리는, 참으로 인복 없는 양반이셨다. (몰락한 후에도 그를 지지하는 세력을 대동하고 다니는 우리나라의 역대 대통령들과도 비교된다. 그렇다면 예수님은 그들보다 그렇게 인간성이 없는 양반이셨는가?)

그러나 이런 드라마도 있다. 그 두렵고 외로운 순간에 자신을 세 번이나 배반한 베드로를 부활해서 다시 만났을 때, 반장 역할을 하고도 대표해서 예수를 배반한, 그것도 스승이 가장 어렵고 외로울 때 배반한 후 다른 동지들에게 면목이 없어 겸연쩍어하는 베드로를 다시 만났을 때,

그는 이렇게 묻는다. "요한의 아들 시몬아, 너는 나를 사랑하느냐?" 그렇다고 대답하는 베드로에게, 하느님의 아들이니 베드로의 마음이 어떤지 잘 알 것이면서도 예수는 '세 번'이나 거듭 그걸 물어본다. 나중에 베드로는 드디어 "주님, 그것은 주님이 더 잘 알 것 아닙니까" 울먹이고 만다. 불쌍한 베드로 …. 내가 베드로였다면 '주님, 차라리 저를 한 대 때리십시오. 그게 속이 편할 거요' 했을 텐데. 가뜩이나 주눅 든 베드로에게 '괜찮다, 내가 널 용서한다. 너도 무서웠지? 이제 내가 부활했고 세상을 이겼으니 됐다. 지난 일은 툭툭 털어 버리자' 소위 남자답게 소위 어른답게 말씀하셔도 될 텐데. 다만 예수는 "내 양을 잘 먹이라" 하고 세 번만 말하고 말았다. 그걸로 끝이었다. 그런데 그 세 번의 동일한 질문과 대답에는 베드로와 예수의 과거 현재 미래가, 용서와 사랑과 사명이 고스란히 드러나 있다. 나는 이런 사랑과 용서의 함축적인 드라마를 어떤 문학작품에서도 본 일이 없다.

나는 예수님의 이런 고차원적이고 함축적인 사랑을 도저히 따라 할 수가 없다. 거리에서 만난 거지에게 동전을 던지는 것이 아닌, 한 사람의 인생과 구원을 생각하는 거대한 프로젝트, 거기에는 언뜻 보면 비정한 칼날이 분명 숨어 있는 것이다. "내가 너희를 사랑한 것처럼 너희도 서로 사랑하라"는 단순한 계명은 그러므로 그날 이후 내게는 가장 풀기 어려운 화두가 되어 버렸다.

우리는 마리엔하이데 수도원Kloster Marienheide에 도착했다. 작고 아름다운 수도원이었다. 안으로 들어가자 게르트 빌리 비게스 신부님이 나오셨다. 체구가 크고 눈빛이 아주 형형한 신부님이셨다. 잠시 앉아 차를 마시면서 김은애 여사가 통역을 맡아 주었다. 마리엔하이데 수도원은 15세기 도미니코회에 의해 세워졌는데, 1957년 이후부터 마리아 선교회Societas Mariae Montfortana에서 맡고 있다. 현재 이 수도원에는 신부님 네 분이 살고 계신다. 마리아 선교회는 1,800명이 전 세계 주로 가난한 나라에 파견되어 있는데 한국에는 파견된 사람이 없다고 했다. "신부님은 행복하세요?" 내가 멍청하게 물으니 커다란 체구의 비게스 신부님은 웃으신다.

"공동생활에서 가장 중요한 것은 절제와 나눔입니다. 이것이 한 가지라도 결여되면 함께 살기가 어렵지요. 이것은 곧 청빈하다는 이야기도 되는데 처음부터 있는 것은 아니고 함께 살면서 결국 순명을 얻게 되는 것과 통하는 이야기예요. 물론 저는 행복합니다. 의미 있는 일을 하고 있다는 생각도 하고 내적인 기쁨도 큽니다. 무엇보다 저는 '얻고자 하는 자는 잃는다'는 인생의 비밀을 알고 있으니까요."

비게스 신부님의 말씀은 당당하고 담담했다. '얻고자 하는 자는 잃는다'는 인생의 비밀을 하도 잘 알아서 비밀도 아닌 듯 말씀하시는 거였다.

"수도자가 되려는 사람이 오면 어떻게 하시나요?" 내가 물었다.

마리엔하이데 수도원 전경

"수도자가 되려면 생각을 많이 하라고 말합니다. 하지만 부유한 나라에서는 사실 생각할 시간이 없어요. 이것이 유럽에서 수도자 지망생 수가 줄어드는 이유 중의 하나라고 생각합니다. 젊은 사람이 오면 저는 말합니다. 우선 먼저 세상에 있는 것들을 보라. 그리고 시간을 가지고 생각해 보라 …. 한 2년쯤 그냥 함께 삽니다. 그러고 나면 첫 서원을 하는데 그 뒤 4년 동안 1년마다 서원을 갱신하여 다섯 번을 서원합니다. 그다음에야 종신서원이 가능하지요. 스스로를 시험하고 시험 기간이 10년쯤 지나고 나면 그땐 정말로 식구가 되는 것이지요. 그 전에는 언제든 나갈 수 있습니다."

신부님은 김은애 여사님과의 친분으로 한국에 가 본 적이 있다고 말씀하셨다. 꽃동네를 방문했는데 가마솥에 불 때는 게 인상적이었다고 하신다.

우리는 신부님과 함께 성당으로 갔다. 성당을 둘러보고 나서 내가 오르가니스트인 한 선배에게 즉석에서 연주를 부탁했다. 한 선배는 연습을 한 게 하나도 없다며 망설이더니 오르간 앞으로 갔다. 김은애 여사와 신부님 그리고 나 셋이서 한 선배의 연주를 들었다. 한 선배는 연주를 하면서 또 울었다. 김은애 여사가 안쓰럽다는 듯 한 선배를 바라보길래 내가 말했다.

"걱정하지 마세요. 저건 기쁨의 눈물이니까요."

위 수도원 성당의 제대 십자가
아래 수도원 성당의 성물
오른쪽 수도원 성당의 제대

김은애 여사와 쾰른Köln으로 와서 헤어졌다. 내가 그 유명한 쾰른 대성당을 보고 싶어 했기 때문이다. 그런데 성당 앞길에는 차가 밀려 있었다. 신나치 반대 시위가 있을 예정이라 교통이 통제된다는 것이었다. 김은애 여사는 경찰에게 다가가 뭐라 사정을 한다. 그러자 경찰이 바리케이드를 풀고 우리를 보내 주었다. 엄격한 독일 경찰도 사정을 이야기하면 통하나 보다. 쾰른 성당 앞은 발 디딜 틈도 없이 사람들로 가득 차 있었다. 시위를 한다기에 사진을 찍으려고 준비했는데 시위가 아니라 그냥 단체 모임 같았다. 하기는 이 사람들 시위가 때로 과격해질 때도 있지만 대개는 이렇게 플래카드를 걸고 함께 모여 있는 정도라고 했다.

언젠가 독일 녹색당 전당대회 이야기를 들은 적이 있었다. 녹색당 초창기, 전당대회는 각 도시의 공원에서 열렸다. 당직자들도 당원들도 모두 청바지에 티셔츠 차림, 당원들은 유모차를 밀고 도시락을 싸 가지고 왔다고 했다. 할머니들은 뜨개질감을 가지고 와서 뜨개질을 하고, 아이들은 뛰고 젊은이들은 노래 부르고 …. 이게 야유회인지, 당의 전당대회인지 알 수 없었다는, 그러나 감동적이었다는 이야기 …. 언제부터인가 검은 양복을 입는 대학의 학생회 생각이 났다. 후배들에게 말한 적이 있었다. "그 넥타이부터 풀어 버리지 않는다면, 그 검은 양복 먼저 벗어 던지지 않는다면, 안과 밖 모두 너희가 비판하는 기성세대와는 다르게 새로이 시작하지 않는다면 너희들은 다시금 실패하고 말 거야."

쾰른 대성당은 가끔 유럽 여행의 안내 책자나 독일을 소개하는 책

강 너머로 보이는 쾰른 대성당의 모습

_ 사랑은 스스로 찾아온다

자의 맨 앞에 나오는 성당이다. 1248년에 기공된 것을 600년 만인 1880년에야 완공시켰다는 거대한 건물. 성당 앞 광장에도 사람들로 발 디딜 틈 없는데 들어가니 이건 거의 만원버스다. 워낙 유명한 건물이니까 그런가 보다, 나도 그 유명세 때문에 여기 와 있지 않은가. 하지만 넘쳐 나는 예술품과 사람들 속에서 나는 하느님을 찾을 수가 없었다. 너무 시끄러워서 하느님이 여기 계실까 싶었다. 일전에 나는 어떤 소설에서 "사랑한다는 것은 수많은 군중 속에서 유독 그 사람의 뒤통수를 알아보는 것, 수많은 발자국 소리 중에서 유독 그의 발소리를 알아듣는 귀를 가지는 것"이라고 썼다. 그러니 나는 아직 하느님을 사랑하지 않는지도 모른다.

쾰른 역으로 가서 맥주를 한잔 마시고 우리는 림부르크Limburg로 출발했다. 이미 어두운 세상을 밤기차는 달려간다. 간간이 간판을 보니 기차는 모젤 지방 같은 유명한 포도주 산지를 지나고 있다. 멀리 마을에 불빛들이 반짝인다. 작은 기차를 타고 달리는데 모노레일인지 하늘 위를 날아가는 것만 같아서 약간은 무섭고 또 약간은 신기했다. 독일의 겨울 마을들은 '저게 어디 마을이야 크리스마스트리지' 싶다. 아름다웠다. 이제 림부르크에 도착해 묵는 하룻밤은 수도원 기행의 공식 일정상 마지막 밤이 될 것이다. '그곳은 어떤 수도원일까' 하는 생각보다 김은애 여사가 소개해 주신 림부르크 수도원의 '비안네'라는 한국 수녀님은 어떤 분일지, 나는 내일 또 어떤 사람을 만나게 될지 궁금했다.

마리엔보른 수도원

작은 호텔에서 밤을 보내고 아침 일찍 림부르크의 마리엔보른 수녀원Kloster Marienborn의 비안네 수녀님에게 전화를 걸었다. 비는 어젯밤과 아침 내내 계속되고 있었다. 역 앞에서 택시를 타고 수도원에 도착하니, 잘 꾸며진 귀족의 저택 같은 수녀원이 나타났다. 비안네 수녀님은 나이가 많이 드신 할머니셨다. 감색 스웨터에 감색 치마, 그리고 흰머리가 인상적인 분으로 목에 걸린 십자 목걸이만 아니면 수녀님이라고 생각하기도 힘들 것이었다. 작은 방으로 안내되어 향기로운 차와 과자를 대접받았다. 어떻게 이곳까지 오셔서 이렇게 살고 계시냐니까 경북 영일 출신인 할머니 수녀님은 그저 웃으신다.

"맨 처음 간호사로 지원 왔지요. 그래서 독일로 온 거예요. 그러고는 원래의 뜻과는 다르게 수녀가 되어 이렇게 살고 있지요."

비안네 수녀님은 지금도 병원에서 물리치료사 일을 하고 계신다. 이곳은 팔로티회에 속한 수도원으로 교육과 봉사를 담당하고 있다. 원래는 수녀님들이 쓰던 숙소를 헐어 양로원으로 고치는 공사가 진행되고 있어 이곳에서 재워 주지 못했다고 하신다. 꼭 오랜만에 만난 고모처럼 "밥은 먹었나, 잠자리는 괜찮았나" 물어보신다.

식당으로 들어갔더니 당연히 수녀님들이 가득 계셨다. 한 일흔은 넘어 보이는 수녀님에서부터 청원기에 있다는 이십 대의 앳된 수녀님까지. 뷔페식으로 가져다 먹는 식사는 아주 맛이 있었다. 소고기 스튜, 채소 샐러드, 감자 그리고 후식까지. 여기서 먹는 음식의 재료는 수녀원에만 음식을 대 주는 농장의 것이니 광우병 같은 건 걱정 말라며 비안네 수녀님이 안심을 시켜 주신다. 나이가 많은 수녀님들은 전통적인 검은 수녀복을 입으셨고, 그 밖의 수녀님들은 비안네 수녀님처럼 사복 차림이었다. 부원장 수녀님께서 우리 식탁으로 와서 함께 식사를 하셨다.

식사가 끝나고 뜰을 좀 산책한 후 성당으로 갔다. 다른 수도원과 달리 이곳은 아주 초현대식 건물이었다. 성당의 제대며 의자, 무엇보다 예수님의 십자가가 달려야 할 자리에 반추상의 노란빛 그림이 있다. 저건 무슨 그림이냐고 물었더니 「부활」이라고 했다. 그림에 대해서도 잘 모르고 그 그림이 무슨 뜻인지 알 수 없었지만 보기가 좋았다.

파이프오르간 소리가 은은하게 울려 퍼지는 초현대식 성당에 앉아 '부활', 이 간단치 않은 간단한 단어에 대해 잠시 묵상을 했다. 누군가 말했다. 고등 종교와 하등 종교의 차이는 바로 자신의 변화를 원하느냐 그렇지 않느냐에 달려 있다고. 그렇게 함으로써 그것이 새 삶을, 다시 한 번 새 인생을 시작하게 하느냐 않느냐에 달려 있다고. 그것이 부활이며 그것이 부처가 되는 것이 아닐까. 지리멸렬한 삶의 극적인 반전, 유한한 인간의 극적인 신화神化, 그것이 바로 구원이 아닐까.

아르장탕, 중세의 전통과 더불어 철창까지 고스란히 간직하고 있는 수도원에서 시작한 기행을 이 현대식 수도원에서 끝내는 일정의 신비스러움에 대해서도 함께 생각했다. 언젠가 읽은 해안 스님의 법문대로 춘란은 춘란이어서 좋고, 목련은 목련이어서 좋은 것이다. 무릇, 하느님도 이 다채로움을 즐거워하실 거라는 생각이 들었다. 하느님이라는 창조자는 이 세상을 얼마나 다채롭게 만들어 놓으셨는지.

우리는 함께 수녀원 묘지를 둘러보고 길을 나섰다. 비갠 하늘에 아늑한 회색 구름이 낮았다. 림부르크는 참으로 아름다운 도시였다. 스위스의 프리부르와 견주어도 될 만큼 오래되고 보존이 잘되어 있었다. 림부르크 돔까지 비안네 수녀님과 함께 걸었다. 유럽에 와서 20일 여행을 하고 나서 서울로 돌아가면 언제나 닳아 버린 구두 뒤축을 갈아야 했는데 이번에도 역시 그럴 것 같다.

수녀님께 비안네 성인이 누구인지 물었다. 그건 남자 성인의 이름이었던 것이다. 수녀님이 되면 누구나 원래의 세례명 말고 또 하나의 이름, 우리식으로 따지면 불교의 법명 같은 것을 하나 받게 되는데 비안네 수녀님은 그 이름을 받으셨다면서 비안네 성자에 대해 말씀하셨다.

"비안네 신부님은 원래 프랑스 가난한 농부의 아들로 태어나 뒤늦게 신학교에 입학하셨다고 해요. 그 당시 신학을 공부하려면 라틴어가 필수였는데 아마 이 신부님은 라틴어를 잘 외우지 못하셨나 봐요. 그래

수녀원의 현대식 소성당

십자가 대신 걸린 제대 뒤 「부활」 벽화

수녀원의 독특한 성모상

서 사제서품도 못 받게 생긴 것을 어찌어찌 착한 성품만 믿고 특별히 어렵게 겨우 서품을 받아서 프랑스 외딴 시골로 발령을 받으신 거지요. 이 신부님은 그런데 라틴어만 못한 게 아니라 강론도 제대로 못하셨대요. 말주변이 없으셨나 봐요. 그렇지만 신부님은 사람들이 고해성사를 할 때 누구보다 가슴을 열고 그 고해를 들어 주셨지요. 그래서 이분에게 고해성사를 하고 나오는 분들은 누구나 가슴으로 큰 감동을 받고 나왔답니다. 그러자 사방 각지에서 사람들이 몰려오기 시작했대요. 새벽부터 밤늦게까지 자기 몸도 다 돌보지 못하고 고해를 들으셔야 했던 거지요."

비안네 수녀님도 말주변이 별로 없으시다. 키도 작으시고 아마 독일어도 처음엔 아주 서투르셨을 거다. 나는 비안네라는 성인과 비안네 수녀님이 더욱 좋아졌다. 말주변도 없고 공부도 못하는 사람을 성인으로 세우는 종교는 얼마나 멋진 종교인가 …. 림부르크는 오래된 관광도시이자 상업도시. 돔을 걸어 나와 역으로 가는 길로 함께 걸었다. 이곳 역 앞 광장에도 크리스마스 마켓이 열리고 있었다.

"수녀님, 술 한잔 하실래요?"

내가 길거리에서 파는 뜨거운 포도주인 글뤼바인을 가리키며 물었더니 수녀님은 어린아이처럼 기쁜 표정으로 "좋죠" 하신다.

"공동생활, 그것도 이 낯선 타국에서 다른 수녀님들과 공동생활하기 힘들지 않으세요?"

내가 물었다. 수녀님은 잠깐 생각에 잠기는 표정이더니 "그랬죠. 그

림부르크 시내 풍경

런데 그것도 20년 하고 나니까 편해지데요." 하시며 웃었다.

어제 김은애 여사는 15년이라더니 비안네 수녀님은 이제 20년이다. '갈수록 태산'이라는 말을 여기다 써도 될까.

"원래 우리 집은 가톨릭을 믿지 않았어요. 아버지는 이북에서 피난 나오신 분이고 종교라는 걸 생각하기에는 먹고살기가 바빴나 봐요. 그러니 내가 수녀가 된다고 했을 때 집안에서는 그랬죠. 그래도 고등학교까지 가르쳐 놨는데 돈을 벌어 와야 할 것 아니냐고 ⋯."

글뤼바인의 뜨거운 열기 때문에 우리는 길거리에 서서 후후 불며 그것을 마셨다. 마시면 금세 뺨이 빨갛게 달아오르는 뜨거운 술. 습기 많고 음산한 독일에서 그 술은 많은 보행자들을 따뜻하게 만들어 주는 거리의 난로 역할을 한다고 했다.

"내가 수녀가 된 다음 어머니께서는 몰래 성당에 나가셨나 봐요. 아버지는 고집이 센 분이라 말도 못 꺼내고. 그런데 어느 날 아버지가 아침에 일어나시더니 다짜고짜 어머니를 불러서 '그래도 우리 딸이 수녀가 됐는데 오늘부터 당장 성당 나가자!' 하시더라는 거예요. 독일에 온 지 7년 만인가, 한국에 갔더니 아버지가 절 부르시더군요. '그래도 네가 시집간 거나 마찬가진데 내가 술 한잔도 못 줬구나' 하시더니 소주를 따라 주셨어요. 생전 처음 아버지하고 대작해 봤지요."

홀짝홀짝 포도주를 들이켜는 비안네 수녀님의 눈가가 글뤼바인처럼 빨개진다. 나는 그 붉은 포도주 한 잔을 더 청해 마셨다.

역 광장이 가까워졌길래 그만 들어가시라고 했다. 비안네 수녀님은 머뭇거리시더니 우리를 꼭 껴안아 주셨다.

"부모도 형제들도 먹고살기가 바빠서 이 독일 땅까지 찾아와 준 적이 없어요. 한국에서 일부러 날 찾아와 준 사람은 아마 공지영 씨가 처음인 것 같아…. 다음번에 오면 우리 집(수녀원)에서 꼭 재워 줄게요. 책 잘 쓰고 꼭 편지해 주세요."

수녀님과 포옹을 하는데 또 눈물이 나왔다. 마지막 말 때문이었을 것이다. 수녀님 나이 벌써 예순이 가까우셨다. 타국 땅에서 30여 년, 부모 형제도 안 오고 찾아 주는 친구도 없이 비안네 수녀님은 무엇을 의지해 살았을까. "다시 찾아뵐 때까지 부디 안녕히 계세요, 꼭 올게요" 했지만 홀로 돌아서시는 자그마한 체구가 눈에 밟혔다.

날이 일찍 어두워지고 있었다. 열차 시간이 좀 남았길래 우리는 역내로 들어가기 전에 벤치에 앉았다. 우리 옆 벤치에 열일곱 살쯤 되어 보이는 소녀엄마가 유모차의 아기를 어르며 젊은 아빠와 앉아 있었다.

"저기 저 애아빠 무책임하게 생기지 않았어?"

내가 물으니 독일에서 오래 유학 생활을 했던 한 선배는 "애아빠 아닐지도 몰라, 아닌 것 같은데" 했다.

저무는 독일 림부르크의 역 광장에서 우리는 잠시 침묵했다.

나는 눈을 들어 유모차에서 잠에 빠진 아기를 바라보았다. 저 아기는 커서 어른이 되기 위해 또 얼마만큼의 상처를 필요로 할 것인지. 성스러운 수도원 기행이 끝났는데 나는 왜 기쁘지가 않고 이런 쓸데없는 연민에 빠져 있는지. 하지만 아기와 젊은 아기 엄마에 대한 불길한 예감 때문에 마음이 자꾸 무거워지는 것은 나도 어쩔 수 없었다. 나는 장 루슬로의 시 「또 다른 충고들」을 떠올리는 것으로 기도를 대신했다.

다친 달팽이를 보게 되거든
도우려 들지 말아라.
그 스스로 궁지에서 벗어날 것이다.
당신의 도움은 그를 화나게 만들거나
상심하게 만들 것이다.

하늘의 여러 시렁 가운데서
제자리를 떠난 별을 보게 되거든
별에게 충고하고 싶더라도
그만한 이유가 있을 것이라고 생각하라.

더 빨리 흐르라고
강물의 등을 떠밀지 말아라.
강물은 나름대로 최선을 다하고 있는 것이다.

우리는 일어나 기차를 탔다. 브레멘에 도착하자 밤 9시 45분, 브레멘에는 돌풍이 불고 있었다.

다음 날 오후 두 시 열차를 타야 했다. 한 선배가 프랑크푸르트 공항까지 따라오겠다는 걸 억지로 말리고 나 혼자 기차에 올라탔다. 한 선배와 하느님 이야기를 나누는 것도 좋았지만 이렇게 혼자 앉아 있는 것도 똑같이 좋았다. 내가 탄 기차는 'ICE 899 라이너 마리아 릴케' 기차다. 우리나라도 '김소월 기차', '한용운 기차' 이렇게 이름을 붙일 수는 없을까. '새마을' 이런 거 말고 말이다. 플랫폼까지 따라온 한 선배는 헤어지기로 해 놓고 다시 열차 안으로 나를 찾아왔다. 정말 독일어 한마디 못하면서 혼자 가도 되겠느냐고 묻더니 호두과자 같은 과자봉지와 귤을 내밀었다. 가다가 아쉬워서 뭘 좀 사 가지고 도로 돌아온 모양이다. 한 선배와 다시 포옹을 했다. 함께한 이 여행을 정말 잊지 못할 거라고 한 선배는 또 눈물을 보인다. 억지로 헤어지고 나서 보니 아직도 플랫폼에 서 있는 한 선배. 묵주를 꺼내 들다 말고 창가로 나가 오래 손을 흔들었다.

이제 정말로 다시 혼자 남았다. 어제 림부르크 수도원에서 산 묵주를 꺼내 여행 시작부터 내가 만난 한 사람 한 사람을 위해 기도를 바치다 말고 소스라치게 놀랐다. 내가 그 모든 사람들을 하나도 남김없이 순서대로 기억하고 있었다는 것을 알게 된 것이다. 하다못해 테제 공동체에서 마콩 테제베TGV 역에 오는 동안 우리가 탔던 버스의 운전사까지. 수도원의 성당과 성경들, 조각품들, 성화들 이런 거 말고 사람들을 ….

어제 짐을 챙기면서 이 책자 저 책자, 이 필름 저 필름 어디가 어딘지 하나도 모르겠더니 사람의 모습은 이토록 명확했다. 내 여행의 윤곽이 문득 선명하게 다가왔다. 그러니 결국 이 세상 모두가 수도원이고 내가 길 위에서 만난 그 모든 사람들이 사실은 수도자들일지도 모른다는 생각이 들었다. 바로 그들을 만나려고 내가 이 길을 떠났다는 생각이 들었던 것이다.

한 달이 조금 못 되는 이 여행, 나는 얼굴도 낯설고 언어도 통하지 않는 낯선 이들에게 정말 융숭한 대접을 받았다. 밴에 올라타 운동가요를 부르던 노교수님들의 흰 머리카락도 떠올랐다. 살 부러진 우산을 함께 쓰고 추운 빗길을 걸어 주었던 이혜정 수녀님, 울먹이던 표정으로 헤어지던 B씨, 열차에서 먹으라고 집에서 만든 크리스마스 케이크를 싸 주던 주버 여사 자매, 받은 것은 크리스마스 케이크뿐이 아니었다. 언제 그들에게 이 고마움을 표시할 수 있을지도 알 수 없지만 나는 서두르지 않기로 했다. 생각보다 생은 길고 나누어야 할 것은 아주 많다는 것을 나는 이제 아니까. 밀알이 쪼개져 백 배 천 배의 밀알이 되듯이, 쪼개면 쪼갤수록 나누면 나눌수록 풍성해지는 이 지상의 유일한 것, 그게 무엇인지 이제 나는 알 것 같으니까.

기차가 달리고 있었다. 멀리 서녘으로 하늘이 개어 오고 있었다. 검은 휘장이 열리는 것처럼 구름이 걷히고 붉은 노을이 열차 창으로 선명했다. 어젯밤 내내 브레멘에 하도 돌풍이 불어서 비행기 탈 일을 걱정하느라 잠을 이루지 못했다. 가뜩이나 비행기라면 무서워하는 내가 돌풍 속을 오르는 비행기를 타고 있을 생각을 하니 공포에 질려 버린 것이다. 그런데 날이 개고 노을이 비치고 있다. 갠 하늘로 드문드문 별까지 뜨고 있다. 차창 밖으로 지나가는 나무들에는 이제 바람의 자취가 없다. 하느님, 고맙습니다. 나는 서쪽 하늘로 먼저 떠오른 별 하나가 하느님의 맑은 눈빛처럼만 여겨져서 윙크를 해 드렸다.

그리하여 나는 알게 되었다. 하느님께서 나를 위해 날을 개게 해 주시고 바람을 잠자게 해 주시며 결국 이 모든 하늘과 땅, 우주 만물을 지어 주셨음을, 나 공지영이 아니라 당신이 지으신 '모든 나'를 위해서…. 나는 하느님이 왜 천지를 창조하시고 동물까지도 창조하시고 당신 스스로 "하느님 보기에 참 좋으셨다" 해 놓고 이 골칫덩어리 인간을 만들었는지, 어렴풋하게 알 것 같았다. 내가 사랑하는 사람을 만나 왜 아이를 낳고 싶었는지 알게 되었듯, 그렇게 알 것 같았다. 하느님은 아름다운 창조물을 그리운 것들과 나누고 싶었나 보다. 좋은 걸 보면 생각나는 게 사랑이니까. 그래서 그들에게 자신을 만든 신을 거부해도 좋을 무서운 자유, 그 신성神性의 일부까지 부여하셨나 보다. 사랑은 스스로 찾아오는 것이니까. 그래서 하느님은 나를 기다려 주신 것이다. 18년 동안 물끄러미 바라만 보면서, 당신이 가진 전지전능의 능력을 오직 기다리는 데 사용하신 것이다. 뭐하러 사람을 지으셨느냐고 하느님을 원망하고 나 자신을 미워하며 오래도록 헤매어 다니던 한 사춘기 소녀의 영혼에게 하느님은 이제야 대답을 주신다. 이렇게 오래도록 헤매어 다닌 후에야.

문득 누군가의 말이 떠올랐다. 팔레스타인에서 죽어 가는 사람들, 아프리카에서 굶어 죽어 가는 아이들을 위해 기도하던 그에게 하느님은 응답을 주셨다고 했다.

애야, 내가 그래서 너를 만든 거란다.

이제 마흔이 다 된 이 늙은 소녀는 먼 길을 돌고 돌아 중얼거리며 집으로 돌아간다.
"하느님, 저를 지어 주셔서 감사합니다" 하고.

_ 사랑은 스스로 찾아온다

후기

　한 달 동안 유럽의 수도원을 떠돌면서 많은 사람들을 만나 참으로 귀한 도움을 받았다. 그림엽서처럼 아름다운 길을 지나다니면서 그러나 내가 얻은 것은 풍경에의 기억은 아니었다. 그것은 다양한 형태의 삶들이 존재하고 있으며 그들이 제각기 제 궤도를 최선을 다해 돌고 있을 때 세상은 혹여 살 만한 곳일 수도 있겠다는 희망이었다. 봉쇄된 철창 속의 수녀님이나 세계 각국에서 봉사 활동을 하는 수사님들, 화가들, 편집자들, 운전기사들, 역무원들. 결혼을 하거나 하지 않거나 부자이거나 가난하거나, 세상에 있는 가지가지 꽃들이 모두 제각기 아름답듯이 나는 뜻밖에도 그런 다채로운 화엄 세계의 한 모퉁이를 엿보는 영광을 얻게 된 것이다.
　그리하여 모든 좋은 여행의 결과가 그렇듯이 다시 일상으로 돌아왔을 때 나는 한 뼘 자란 것을 느낄 수 있었다.

책을 낼 때마다 누구누구에게 감사한다는 말을 쑥스러움 때문인지 하지 못했는데, 이 책은 그렇게 지나쳐 버릴 수가 없다. 성공회대 정양모 신부님과 오스트리아의 최영심 화백 그리고 파리의 이영길 신부님께 특별히 감사의 말씀을 전한다. 그분들은 나그네를 어떻게 대접해야 하는지 몸소 내게 가르쳐 주셨다.

지친 사람들, 삶의 의미를 찾다가 실의에 빠진 사람들, 따뜻함과 위로를 필요로 하는 사람들. 한때 삶을 미워했던 나 자신의 이야기가 그런 사람들에게 혹여 위안이 될 수 있기를 바라 본다.

2001년 7월
에덴의 북북동쪽 모퉁이에서
공지영